문해력이 자라면 사회성도 자란다

읽는 힘, 소통하는 힘

심현미 저

학지사

머리말

20여 년 동안 수많은 아이를 가르치며, 그들의 성장 과정을 지켜보았습니다. 그 경험을 통해 제가 가장 깊이 깨달은 것은, 상황을 올바르게 인식하고 이해하는 능력이 아이들의 삶에 결정적인 영향을 미친다는 사실이었습니다. 상황을 제대로 이해하지 못하면 아이들은 종종 혼란에 빠지며, 두려움, 분노, 불안, 무기력 등의 부정적인 감정에 휩싸이게 됩니다. 반면, 상황을 명확히 파악하고 감정을 조절할 수 있을 때, 아이들은 침착하게 문제를 바라보고, 타인과 건강한 관계를 형성해 나갈 수 있습니다. 이러한 사회적 성장을 위해서는 문해력, 즉 글을 읽고 이해하며 자신의 생각을 표현하는 능력이 튼튼하게 자리 잡아야 합니다. 문해력은 단순한 언어 능력이 아니라, 학습과 관계의 기초가 되는 힘입니다. 특히 학령기 아동에게 문해력은 모든 교과 학습의 바탕이 되며, 타인을 이해하고 세상과 소통하는 창구이기도 합니다. 이 교재는 바로 그런 고민과 필요에서 출발했습니다. 아이들이 글을 통해 세상을 이해하고, 그 안에서 자신을 표현하며, 더불어 살아가는 힘을 기를 수 있도록 돕고자 이 교재를 만들게 되었습니다. 아이들이 일상 속 실제 상황을 마주하며 스스로 사고하고 판단하는 연습을 할 수 있도록, 이야기 구성 또한 비현실적인 설정은 지양하고 현실적인 갈등 상황을 중심으로 구성했습니다. 정답을 강요하거나 도덕적 판단을 유도하기보다, 문제를 스스로 바라보는 눈을 키울 수 있도록 하는 데 집중했습니다.

이 교재가 아이들의 문해력과 사회성을 함께 길러 주는 든든한 디딤돌이 되기를 바랍니다. 아이들이 세상을 이해하고, 사람들과 따뜻하게 소통하며 건강하게 성장해 가기를 진심으로 응원합니다.

교재 구성과 활용 방법

이 교재는 학령기 아동의 문해력과 사회성을 함께 기를 수 있도록 설계된 교육 자료입니다. 문해력이란 단순히 글을 읽는 것을 넘어, 글의 의미를 깊이 이해하고 자신의 생각을 정리해 표현하는 능력입니다. 사회성이란 상황을 인식하고 감정을 조절하며, 타인과 원활한 관계를 맺는 능력입니다. 이 두 능력은 학습뿐 아니라 건강한 사회적 관계를 형성하는 데에도 꼭 필요한 기반입니다.

• 교재 구성 안내

이 교재는 총 4권으로 구성되어 있으며, 각 권은 아이들의 이해력과 사고력을 점진적으로 향상시킬 수 있도록 단계별로 설계되었습니다.

–**1권 열어 보기**: 35편의 짧은 글을 읽고, 중심 낱말을 찾으며 내용을 이해하는 연습
–**2권 발견하기**: 30편의 더 긴 글과 복잡한 상황을 다루며, 인물의 입장과 사건의 흐름을 파악하는 연습
–**3권 탐색하기**: 35편의 짧은 이야기로 요약하는 방법과 논리적인 정리를 연습
–**4권 이해하기**: 앞서 배운 기술을 종합하여, 글의 상황을 정확히 파악하고 자신의 언어로 요약하는 연습

• 공통 학습 활동

–중심 낱말을 찾아 제목을 직접 만들어 보기
–문맥 속에서 어휘를 익히고 활용하기
–글의 흐름과 구조 파악

–자신의 경험과 연결해 생각 넓히기

–다양한 관점 수용과 공감 능력 키우기

• **활용 방법**

–이 교재는 특정 연령대에 제한되지 않으며, 학령기 아동이라면 누구나 사용할 수 있습니다.

–1권부터 아이의 수준에 맞게 시작하되, 이해력과 참여도가 높아지면 다음 단계로 넘어가세요.

–교사는 질문 중심의 대화를 통해 아이가 스스로 사고하고 감정을 조절할 수 있도록 돕는 것이 핵심입니다.

–줄거리를 이야기하며 실제 경험과 연결시켜 보거나, 등장인물의 입장에서 생각해 보게 하는 활동은 사고력과 공감 능력을 자연스럽게 키워 줍니다.

생각을 이끌어 내는 지도 방법

이 방법은 아동이 글을 정확히 이해하고, 핵심 내용을 파악하며, 자신의 생각을 정리하고 표현하는 능력을 기를 수 있도록 돕습니다. 다음의 단계에 따라 차근차근 진행해 주세요.

- 1단계: 함께 읽기

1. 아동과 함께 마침표를 기준으로 문장을 나누어 번갈아 읽습니다.
2. 글 전체를 다 읽은 후에는 순서를 바꿔 다시 한번 번갈아 읽습니다.
3. 아동과 함께 한 목소리로 읽어 봅니다. (필요에 따라 생략 가능합니다.)
4. 아동 혼자 읽도록 합니다. (소리 내어 읽기 또는 눈으로 조용히 읽기 중 아동에게 맞는 방법을 선택하세요.)

- 2단계: 글의 중심 파악하기

5. 아동에게 연필을 주고 이름과 날짜를 쓰게 합니다.
6. 아동이 글에서 가장 중요한 낱말(중심 낱말) 3개를 고르도록 합니다.
7. 아동 스스로 글에 어울리는 제목을 지어 보게 합니다.
8. 연필을 받아 둡니다.
9. 선택한 낱말이 왜 중요한지 아동에게 말해 보도록 합니다.
10. 제목을 왜 그렇게 지었는지도 말해 보게 합니다.
11. 교사는 자신의 생각도 나누어 줍니다. (아동의 생각과 같을 수도, 다를 수도 있습니다.)
12. 중심 낱말과 제목을 다시 함께 읽습니다.

- 3단계: 이해 확인하기

13. 연필과 지우개를 주고 문제를 풀게 합니다. 정답이 하나일 수도 있고, 두 개 이상일 수도 있습니다. 아동이 문맥과 상황을 고려하여 가장 적절하다고 생각하는 한 가지 답을 선택하도록 지도해 주세요. 어려워할 경우, 글을 다시 읽을 기회를 최대 두 번 더 줍니다. (미리 두 번의 기회가 있다는 것을 알려 줍니다.)
    ※ 이때 문제지는 잠시 치워 주세요. 글과 문제를 동시에 보지 않도록 합니다.
14. 모든 문제를 푼 뒤, 다시 연필을 받아 둡니다.
15. 각 문제에 대해 '왜 그렇게 생각했는지' 또는 '어떻게 알았는지' 말해 보도록 합니다.
16. 글 전체를 다시 한번 훑어보게 합니다.

- 4단계: 말하기와 생각 나누기

17. 아동이 글의 내용을 요약해서 말하도록 합니다. (가능하면 영상으로 기록해 두세요.)
18. 사실에 근거해 이야기하게 지도합니다. 내용에 없는 추측이나 짐작은 멈추게 하고, 그것이 틀렸음을 알려 준 후 다시 말하게 합니다.
19. 마지막으로 아동의 생각이나 느낌을 자유롭게 말하도록 유도합니다.
20. 글의 내용을 잘 이해하고 표현한 아동에게 아낌없이 칭찬합니다.

차례

발견하기 목차

다음 빈칸에 직접 제목을 써 보세요!

1.
2.
3.
4.
5.
6.
7.
8.
9.
10.

발견하기 목차

다음 빈칸에 직접 제목을 써 보세요!

11. ______________________________

12. ______________________________

13. ______________________________

14. ______________________________

15. ______________________________

16. ______________________________

17. ______________________________

18. ______________________________

19. ______________________________

20. ______________________________

발견하기 목차

다음 빈칸에 직접 제목을 써 보세요!

21.

22.

23.

24.

25.

26.

27.

28.

29.

30.

학습 목표

'발견하기'는 '열어 보기'에서 배운 기초를 비탕으로, 더욱 복잡하고 깊이 있는 글을 읽고 이해하는 능력을 키우는 과정입니다. 이 권에서는 글의 길이와 내용이 조금 더 길어지고, 상황이 더 복잡해지며, 특히 갈등 상황이 많아집니다. 이로 인해 아동은 글을 읽으면서 등장인물들의 감정 변화와 사건의 전개에 주의를 기울여야 하며, 그에 따른 문제 해결 능력도 한층 더 깊어질 것입니다.

발견하기의 주요 목표 중 하나는 아동이 중심 낱말을 스스로 찾아내는 능력을 기르는 것입니다. 열어 보기에서는 교사의 도움을 받으며 중심 낱말을 찾았지만, 여기에서는 점차 스스로 중심 낱말을 찾아내는 능력을 발달시킵니다. 이 과정에서 아동은 글에서 가장 중요한 정보를 선택하고 요약하는 능력을 키우며, 글을 더 효과적으로 이해하는 데 필요한 비판적 사고 능력을 기를 수 있습니다.

또한, 발견하기에서는 상황을 이해하고 전달하는 능력이 한층 향상됩니다. 아동은 사건의 원인과 결과, 전후 관계, 시간의 흐름 등을 보다 명확하게 표현할 수 있게 됩니다. 이 과정에서 아동은 사건이 일어나는 배경과 그로 인한 결과를 논리적으로 연결하는 능력을 기릅니다. 이렇게 원인과 결과의 관계를 이해하고 그 흐름을 표현하는 능력은 문제 해결을 위한 중요한 첫걸음이 됩니다.

발견하기를 통해 아동은 다양한 시각에서 상황을 바라보는 법을 배우게 됩니다. 이 과정에서 중요한 것은 상황을 짐작하거나 추측하지 않고, 글 속에 제시된 사실을 있는 그대로 받아들이는 능력입니다. 글 속에서 발생하는 다양한 상황을 객관적으로 분석하고, 여러 해석을 고려하는 방법을 배워, 전체적인 맥락을 이해할 수 있도록 합니다.

또한, 글 속에서 어떤 문제가 발생했을 때, 그 문제의 근본적인 원인을 찾아내고, 그 문제를 해결하기 위한 합리적인 해결책을 제시하는 능력도 향상됩니다. 아동은 이 과정을 통해 글을 읽으며 자신만의 문제 해결 전략을 개발할 수 있게 됩니다. 이와 같은 능력은 단순히 글을 읽는 것에서 끝나지 않고, 실생활에서의 문제 해결에도 중요한 영향을 미칠 것입니다.

발견하기를 마친 후, 아동은 한 단계 더 성숙한 독해 능력과 분석 능력을 갖추게 되며, 글을 읽고 그 의미를 정확히 파악하고, 사건에 대한 전반적인 이해를 할 수 있는 능력을 키우게 됩니다.

아이와 마주 앉기 전에

『문해력이 자라면 사회성도 자란다』의 각 이야기에는, 수업을 맡은 교사 또는 보호자가 수업 전에 읽고 수업 흐름을 이해할 수 있도록 세 가지 요소가 함께 구성되어 있습니다.

- 이 교재에 수록된 각 이야기는 아이들이 일상에서 자주 마주하는 상황을 바탕으로 구성되어 있으며, 정서적 성장과 사회성 발달을 돕기 위한 다양한 교육 활동 영역이 반영되어 있습니다. 총 10개의 활동 영역은 가족 관계, 또래 관계, 정서 조절, 공감 능력, 기본 생활 습관 등 아이의 발달 단계에 꼭 필요한 요소들로 구성되어 있습니다. 교사는 이를 바탕으로 아이의 반응을 세심하게 관찰하고 발달 수준에 맞춘 교육적 개입을 할 수 있으며, 가정에서도 자녀의 일상 행동을 이해하고 지도하는 데 실질적인 도움을 받을 수 있습니다. 또한 각 이야기 위에는 관련된 교육 활동 영역이 명시되어 있어, 주제별로 내용을 쉽게 참고하고 활용할 수 있도록 구성하였습니다.

- '숨은 뜻 찾기'는 언어를 입체적으로 이해하는 능력을 통해 이야기 속 인물의 말과 행동 이면에 담긴 의도와 감정, 태도를 추론하는 활동입니다. 즉, 겉으로 드러난 표현이 아닌 간접 표현과 맥락 속 의미를 해석하여 사회적 단서와 관계 흐름을 파악하도록 돕습니다. 따라서 '숨은 뜻 찾기'는 문해력과 더불어 해석적 사고력, 공감 능력, 어휘 확장력을 함께 기르는 고차 사고 중심의 언어 학습 활동입니다.

- '생각을 여는 지도 Tip'은 이야기 속 인물의 정서와 상황에 대한 인지적 · 정의적 이해를 바탕으로, 아동의 사고 확장과 자기 표현의 향상을 위한 교육적 안내입니다.

단순한 내용 확인이 아니라, 감정 해석, 동기 추론, 가치 판단 등의 사고 과정을 유도함으로써 아동의 고차 인지 능력과 정서적 공감 능력을 함께 발달시킬 수 있도록 구성되었습니다. 교사나 보호자는 대화를 통해 아동의 반응을 이끌어 내고, 이를 바탕으로 사고의 깊이와 표현의 폭을 확장할 수 있습니다. 이는 자기 감정 인식, 타인 이해, 사회적 상호작용 기술 등 사회정서학습(SEL)의 기초 역량을 기르는 데 효과적으로 작용합니다.

교육 활동 영역

각 이야기에는 다음과 같은 교육 활동 영역이 반영되어 있으며, 영역별로 아이들의 감정 표현, 또래 관계, 가족 간 상호작용, 문제 해결력 등을 자연스럽게 키워 갈 수 있도록 구성하였습니다.

교육 활동 영역 목록

교육 활동 영역	해당 이야기 번호
가족 관계	1, 2, 3, 11, 18, 21, 24, 28
공감 능력	2, 8, 9, 11, 12, 13, 18, 19, 25, 29
기본 생활 습관	5, 6
또래 관계	7, 8, 10, 12, 13, 14, 15, 16, 19, 20, 21, 22, 23, 25, 26, 27, 29, 30
문제 해결	6, 7, 11, 14, 15, 16, 17, 20, 22, 24, 27, 30
사회 규칙	3, 4, 16, 17
의사소통	1, 4
자아 존중감	5, 10, 19, 20, 23, 26, 28
정서 조절	1, 2, 3, 4, 5, 6, 7, 8, 9, 10, 11, 12, 13, 14, 15, 17, 18, 21, 22, 23, 24, 25, 26, 27, 28, 29, 30
책임감	9

숨은 뜻 찾기

'숨은 뜻 찾기'는 아이들이 이야기 속 인물의 말과 행동을 따라가며, 말 너머의 숨은 의미를 추론하고 해석하는 과정을 통해 문해력을 자연스럽게 길러 가도록 구성되어 있습니다.

● 기본 언어 학습

이야기 속에서 아이들이 낯설게 느낄 수 있는 어휘를 중심으로, 간결하고 쉬운 풀이를 제공합니다. 단어의 사전적 의미를 넘어 실제 문맥 속에서 어떻게 쓰였는지를 함께 이해함으로써, 어휘력과 문해력을 함께 성장시킬 수 있습니다.

● 표현 익히기

이야기 속 인물들의 실제 대화를 통해, 아이들이 생활 속에서 자주 접하게 되는 감정 표현 방식을 익힙니다. 표현의 의미뿐 아니라 문장의 구조와 담긴 의도까지 함께 분석함으로써, 언어이해와 소통 능력을 균형 있게 키울 수 있습니다.

● 속담

속담은 일상의 경험과 삶의 지혜를 압축한 언어로 이야기 속 상황과 자연스럽게 연결됩니다. 아이들은 속담을 통해 비유적 사고를 기르고, 사회적 맥락을 유연하게 해석하는 능력을 키워 나갈 수 있습니다.

관용어

관용어는 단어의 겉 뜻만으로는 의미를 알기 어려운 표현입니다. 이야기 속 인물들의 대화를 통해 아이들은 관용어를 쉽고 자연스럽게 익히게 됩니다. 이를 통해 더 세심하게 듣고, 더 풍부하게 말하는 언어 감각을 키울 수 있으며, 이는 표현력 발달의 밑바탕이 됩니다.

명언

짧은 문장 속에 담긴 명언은, 아이들이 삶을 바라보는 시야를 넓히고 감정과 생각을 깊이 있게 성찰할 수 있도록 도와주는 말입니다. 이야기와 연결되는 명언을 제시함으로써, 아이들이 상황 속 감정과 태도를 돌아보고, 스스로 질문하며 생각하는 힘을 기를 수 있도록 구성했습니다.

※ 이야기의 전개와 자연스럽게 연결되는 경우에 한해 선별적으로 제시하였습니다.

생각을 여는 지도 Tip

'생각을 여는 지도 Tip'은 각 이야기의 상황과 인물의 감정을 중심으로, 아이와 나눌 수 있는 대화의 방향을 제시합니다. 단순한 내용 이해를 넘어 감정 공감, 상황 추론, 생활 습관 등과 연결된 이야기를 통해, 아이의 사고력과 표현력을 함께 키울 수 있도록 돕습니다.

질문이나 화제 제안은 일상 속 자연스러운 대화 형태로 구성되어 있어, 가정이나 교실에서 부담 없이 활용할 수 있습니다. 특히 수업 도입, 감정 정리, 경험 나누기 등 다양한 교육 장면에서 효과적이며, 아이가 자기 감정을 인식하고 타인의 입장을 이해하는 연습으로 이어집니다.

부모나 교사가 아이의 말에 귀 기울이고 함께 생각을 나누는 시간은 표현력뿐 아니라 정서적 안정감과 사회성 발달에도 큰 도움이 됩니다.

그림에서 발견하기

'그림에서 발견하기'는 수업 전 아이가 그림을 보며 상황을 유추하고, 인물의 감정을 짐작해 보는 활동입니다. 교사나 보호자가 아이와 함께 그림을 살펴보며 짧게 이야기 나누는 시간이, 본격적인 수업으로 자연스럽게 이어질 수 있는 연결 고리가 되어 줍니다. 예를 들어, 그림을 보며 "여기는 어디일까?" "무엇을 보고 놀이터라고 생각했니?" "왜 날씨가 추워 보일까?" "그럼 너는 더운 날씨랑 추운 날씨 중 어떤 걸 더 좋아해?"와 같이 짧고 열린 질문을 던질 수 있습니다. 아이는 스스로 생각하고 말하면서 그림 속 상황을 자기 경험과 연결하게 됩니다. 이 과정은 아이의 사고력과 감정 표현 능력을 끌어내고, 동시에 수업 주제에 대한 관심과 몰입도를 높여 줍니다. 무엇보다 중요한 것은, 정답을 유도하기보다 아이의 말에 귀 기울이며 함께 공감하는 태도입니다. 다만, 그림을 보며 나누는 대화가 지나치게 길어지거나 주제에서 멀어지지 않도록 주의해 주세요. 수업으로 자연스럽게 이어질 수 있도록, 대화는 짧고 간결하게 이끄는 것이 좋습니다.

'그림에서 발견하기'는 아이의 관심을 열고, 수업에 집중할 수 있는 준비 시간을 마련해 줍니다. 짧은 순간이지만, 아이의 마음을 열고 이야기의 문을 두드리는 중요한 출발점이 될 수 있습니다.

활동지

발견하기 1

교육 활동 영역

• 가족 관계

가족 간의 약속과 역할을 이해하고 서로에 대한 책임감을 기릅니다. 함께 시간을 보내는 과정에서 소통과 협력의 중요성을 배우고 신뢰와 배려를 바탕으로 긍정적인 관계를 형성할 수 있습니다.

• 정서 조절

상황에 따라 나타나는 다양한 감정을 인식하고 조절하는 방법을 배웁니다. 아울러 감정을 적절하게 표현하는 방법을 익히며 타인과의 갈등을 줄이는 태도를 기릅니다.

• 의사소통

자신의 생각과 감정을 명확하게 표현하고 상대의 말을 경청하는 자세를 배웁니다. 갈등 상황에서 대화를 통해 문제를 해결하는 능력을 기를 수 있습니다.

숨은 뜻 찾기

기본 언어 학습

▶ 어리둥절하다: 정신이 혼란스럽거나 상황을 잘 이해하지 못해 멍해지는 상태

▶ 여전히: 이전과 다름없이 그대로인 상태를 나타내는 말

▶ 엊그제: 바로 며칠 전, 아주 가까운 과거

표현 익히기

▶ 박물관에 가기로 한 거 잊었어요?: 이전에 약속한 일을 기억하지 못하는 상대에게 상기시키며 묻는 표현이다. '~하기로 한 거'는 약속된 행동이나 계획을 나타

내고, '잊었어요?'는 부드럽지만 다소 서운한 감정을 담아 확인할 때 사용된다.

속담

▶ 가는 말이 고와야 오는 말이 곱다: 상대에게 공손하고 친절하게 말해야 상대도 좋은 말을 해 준다는 뜻이다. 엄마가 짜증을 내자 아빠도 화를 내며 말다툼이 커지는 모습에서, 말의 태도가 관계에 어떤 영향을 주는지를 보여 준다.

관용어

▶ 귀담아듣지 않다: 다른 사람의 말을 진지하게 듣지 않고 대수롭지 않게 넘기는 뜻이다. 아빠가 엄마의 말을 제대로 기억하지 못한 모습에서, 엄마의 말을 귀담아 듣지 않았음을 알 수 있다.

생각을 여는 지도 Tip

가족끼리 서로 기대한 대로 움직이지 않을 때 어떤 감정이 생기는지 이야기해 보세요. 행동이나 말투가 상대에게 어떤 영향을 줄 수 있는지 돌아보는 활동은 정서 조절력과 가족 관계를 이해하는 데 도움이 됩니다.

그림에서 발견하기

그림을 보고 말해요

- 이곳에는 무엇이 있을까요?
- 이런 곳에는 누구랑 함께 가면 좋을까요?
- 박물관에 가 본 적이 있나요?
- 다음에 박물관에 간다면 무엇을 보고 싶나요?

발견하기 1

교육 활동 영역: 가족 관계, 정서 조절, 의사소통

년 월 일 요일 이름: ____________

제목: ______________________________

일요일이에요. 소파에 누워 텔레비전을 보고 있던 아빠에게 엄마가 말했어요.

"여보, 뭐 해요? 오늘 애들 데리고 박물관에 가기로 한 거 잊었어요? 얼른 준비해요!"

아빠는 여전히 소파에 누운 채, 어리둥절한 표정으로 물었어요.

"뭐? 오늘?"

그러자 엄마는 짜증을 내며 쏘아붙였어요.

"엊그제 얘기했잖아요! 가기 싫으면 관둬요. 나 혼자 애들이랑 갈 테니까!"

아빠는 벌떡 일어나며 화난 목소리로 소리쳤어요.

"가! 간다고!"

발견하기 1

01 · 아빠는 어디에 계시나요? (　)

① 소파　② 계단　③ 주방　④ 옥상

02 · 아빠는 왜 누워 계실까요? (　)

① 졸려서　② 피곤해서　③ 소파가 편해서　④ 기타

03 · 엄마는 왜 짜증이 났을까요? (　)

① 아빠가 약속을 잊어서　② 아빠가 누워 있어서
③ 아빠가 '오늘'이냐고 물어봐서　④ 기타

04 · 엄마는 왜 아빠가 박물관에 가기 싫어한다고 생각했을까요? (　)

① 아빠가 약속을 잊어서　② 아빠가 계속 소파에 누워 있어서
③ 아빠가 '오늘'이냐고 물어봐서　④ 기타

05 · 아빠는 왜 화가 났을까요? (　)

① 엄마가 가기 싫으면 관두라고 해서　② 박물관에 가기 싫어서
③ 엄마가 혼자 갈 거라고 해서　④ 기타

06 · (　　　)는 엄마와 아빠가 화나 있을 때 어떻게 하나요? (　)

① 방으로 들어간다　② 지켜본다　③ 밖으로 나간다
④ 그런 적이 없다　⑤ 기타

07 · 같은 말이라도 말하는 태도에 따라 듣는 사람의 기분이 달라질 수 있다는 뜻의 속담으로, 엄마가 짜증 섞인 말투로 이야기하자 아빠도 화가 나서 큰소리로 말한 상황에 어울리는 말은 다음 중 어느 것인가요? (　)

① 빈 수레가 요란하다　② 가는 말이 고와야 오는 말이 곱다
③ 입은 삐뚤어져도 말은 바로 해라　④ 꿀 먹은 벙어리

발견하기 2

교육 활동 영역

• 가족 관계

가족 간의 약속이 어긋나며 갈등이 생기지만, 그 안에는 서로 다른 입장과 역할에 대한 이해가 필요합니다. 아이는 부모님의 다투는 모습을 보며 가족 관계의 긴장과 감정의 흐름을 경험하게 됩니다. 그러므로 가족 내에서 소통과 배려가 조화를 이루는 것이 건강한 관계를 유지하는 데 중요하다는 점을 알 수 있습니다.

• 정서 조절

엄마는 약속을 지키지 않는 아빠에게 화를 내고, 아빠는 당황과 피로 속에서 반응하며 감정이 충돌합니다. 이러한 갈등 상황 속에서 감정을 적절히 표현하고 조절하는 태도가 필요합니다. 즉, 가족 구성원 모두가 감정에 휘둘리기보다 서로의 상황을 이해하며 조절하는 연습이 중요합니다.

• 공감 능력

아이는 아빠의 상황을 이해하고 감정이입하며 '불쌍하다'고 느끼는 공감을 표현합니다. 누군가의 피곤함이나 상황을 있는 그대로 바라보며 마음을 헤아리는 경험을 통해 공감 능력을 기를 수 있습니다.

숨은 뜻 찾기

기본 언어 학습

▶ 출근하다: 일을 하러 회사나 직장으로 가는 것

▶ ~후에야: 어떤 일이 끝난 뒤에야 다른 일이 이루어짐을 강조하는 표현

관용어

- 어깨가 무겁다: 책임이나 부담이 크다는 의미로, 가족을 위해 노력하는 아버지의 모습
- 눈코 뜰 새 없다: 몹시 바쁘거나 정신없이 분주한 상황을 이르는 말로, 매일 아침 일찍 출근하고 밤늦게야 집에 돌아오는 아빠의 모습에 어울린다.

생각을 여는 지도 Tip

가족 중 누군가가 힘들어할 때 어떤 마음이 드는지 이야기해 보세요. 그 사람의 상황에서 생각해 보고 말이나 행동으로 따뜻한 마음을 표현해 보는 활동은 공감 능력과 가족 간의 유대감을 깊게 하는 데 도움이 됩니다.

그림에서 발견하기

그림을 보고 말해요

- 엄마는 지금 어떤 표정을 짓고 있나요?
- 화가 났을 때 몸의 모습은 어떻게 달라지나요?
- ○○도 이런 표정을 지었던 적이 있나요?
- 친구와 다퉜을 때 어떤 기분이 들었나요?

발견하기 2

교육 활동 영역: 가족 관계, 정서 조절, 공감 능력

년 월 일 요일 이름: ____________

제목: ________________________________

"예준아, 예서야! 아빠 먼저 나간다!"

아빠는 매일 아침 일찍 회사에 출근해서 우리가 잠든 후에야 집에 돌아오는 날이 많았어요.

오늘은 우리 가족이 박물관에 가기로 한 날이에요.

"여보! 박물관 가기로 했잖아요. 빨리 준비 안 해요?"

피곤한 얼굴로 소파에서 꾸벅꾸벅 졸던 아빠가 깜짝 놀라며 엄마에게 물었어요.

"뭐? 오늘?"

그러다 두 분은 다투기 시작했죠. 나는 아빠가 불쌍하다고 생각했어요.

발견하기 2

01 • 아빠가 매일 아침 일찍 나가시는 이유는 무엇인가요? (　)

① 친구를 만나러 가려고　　② 운동 가려고
③ 회사에 출근하기 위해　　④ 도서관에 가기 위해

02 • 몹시 바쁘거나 정신없이 분주한 모습을 표현한 관용어로, 매일 아침 일찍 출근하고 밤늦게야 집에 돌아오는 아빠의 모습에 어울리는 말은 다음 중 어느 것인가요? (　)

① 손을 놓고 있다　② 발을 끊고 다니다　③ 눈코 뜰 새 없다　④ 귀가 얇다

03 • 오늘은 예준이네 가족이 어디에 가기로 약속한 날인가요? (　)

① 영화관　② 놀이공원　③ 박물관　④ 캠핑

04 • 두 분이 다투기 시작한 이유는 무엇일까요? (　)

① 아빠가 피곤해서　② 아빠가 약속을 잊어서　③ 엄마가 화가 나서
④ 엄마가 짜증을 내서　⑤ 기타

05 • 예준이가 '아빠가 불쌍하다'고 느낀 이유는 무엇일까요? (　)

① 아빠가 약속을 잊어서　② 아빠가 피곤해 보여서
③ 아빠가 일찍 출근하시고 늦게 퇴근하셔서　④ 아빠와 엄마가 다투어서

06 • 이 이야기를 통해 알 수 있는 것은 무엇인가요? (　)

① 약속을 잘 기억하자　② 가족 간의 이해와 배려가 중요하다
③ 아빠는 항상 피곤하다　④ 박물관에 가는 날을 잊지 말자

07 • (　　　)는 이런 상황에서 어떻게 할 것인가요? (　)

① "싸우지 마세요."라고 말한다　② 아빠에게 조금 쉬었다 가자고 한다
③ 방으로 들어간다　④ 박물관에 가지 않겠다고 한다　⑤ 기타

발견하기 3

교육 활동 영역

• 가족 관계

가족이 함께 영화관에 가서 자리를 잡고 팝콘을 나누며 시간을 보내는 장면은 가족 간의 관계를 보여 줍니다. 민우와 민서, 부모님 간의 소소한 상호작용을 통해 가족 내에서의 관계와 역할을 알 수 있습니다.

• 정서 조절

영화관에서 팝콘을 떨어뜨리고 놀라는 상황에서 나타나는 감정을 인식하고 조절하는 법을 배울 수 있습니다. 민우처럼 순간적으로 놀라 큰소리로 외칠 수 있지만, 공공장소에서 감정을 적절하게 표현하는 방법이 필요함을 알게 됩니다. 또한 다양한 감정 상황에서 차분하게 반응하는 연습을 통해 자기 조절 능력을 기를 수 있습니다.

• 사회 규칙

공공장소인 영화관에서는 조용히 해야 한다는 기본적인 사회 규칙을 이해할 수 있습니다. 나아가 다른 사람에게 방해가 되지 않도록 행동하는 태도를 배우며 공동체 생활에서 지켜야 할 질서를 익힙니다. 이와 함께 규칙을 어겼을 때 받게 되는 타인의 반응을 통해 사회적 책임감과 배려심을 기를 수 있습니다.

숨은 뜻 찾기

속담

▶ 엎질러진 물: 이미 벌어진 일은 다시 돌이킬 수 없다는 뜻이다. 팝콘을 떨어뜨린 상황은 되돌릴 수 없으므로, 이미 지나간 일을 탓하기보다 받아들이는 태도가 필

요하다.

관용어

▶ 귀청이 떨어지다: 너무 큰 소리 때문에 귀가 아플 정도라는 뜻으로, 민우가 영화관에서 큰소리로 외치자, 관객이 놀라며 조용히 하라고 한 상황과 연결된다.

명언

▶ 당신이 남에게 피해를 주지 않는 한 자유롭다: 자유로운 행동이라도 타인에게 불편이나 피해를 주면 그 자유는 제한될 수 있다는 뜻으로, 민우가 영화관에서 큰 소리로 외쳐 다른 관람객에게 방해가 되었던 장면과 관련된다.

생각을 여는 지도 Tip

공공장소에서는 어떻게 행동해야 하는지 이야기해 보세요. 장소에 따라 목소리의 크기나 태도를 조절하도록 지도하는 것은 아이가 사회 규칙과 자기 조절 능력을 기르는 데 도움이 됩니다.

그림에서 발견하기

그림을 보고 말해요

- 이 음식의 이름은 무엇인가요?
- 이런 음식은 주로 어디에서 먹나요?
- 무엇으로 만들었을까요?
- 누구와 함께 먹으면 더 즐거울까요?

발견하기 3

교육 활동 영역: 가족 관계, 정서 조절, 사회 규칙

년 월 일 요일 이름: ____________

제목: ______________________

민우네 가족은 팝콘과 콜라를 사고 좌석표를 확인한 후 자리를 찾았어요. 민서와 민우는 가운데 앉고 엄마와 아빠가 양쪽에 앉았죠. 영화가 시작되자 민우가 작은 목소리로 속삭였어요.

"엄마, 팝콘 좀 줘."

엄마가 팝콘을 들고 대답했어요.

"응, 여기 받아!"

그런데 엄마가 팝콘을 건네주다 바닥에 떨어뜨렸어요.

"엄마, 팝콘!"

민우가 큰소리로 외쳤어요. 그러자 누군가 소리쳤어요.

"얘야! 좀 조용히 해!"

발견하기 3

01 • 민우네 가족이 간 곳은 어디입니까? (   )

① 도서관 ② 영화관 ③ 사진관 ④ 박물관

02 • 민우네 가족은 무엇을 사서 들고 갔나요? (   )

① 아이스크림과 주스
② 과자와 우유
③ 팝콘과 콜라
④ 떡볶이와 사이다

03 • 민우네 가족이 좌석을 찾을 때 확인한 것은 무엇인가요? (   )

① 영화 포스터 ② 좌석표 ③ 티켓 가격 ④ 메뉴판

04 • 엄마가 팝콘을 건네줄 때 어떤 일이 일어났나요? (   )

① 민우가 받지 않았다
② 팝콘을 바닥에 떨어뜨렸다
③ 민우가 먹기를 거부했다
④ 민우가 엄마에게 화를 냈다

05 • 다른 사람에게 피해를 주지 않는 범위 내에서는 자유롭게 행동할 수 있다는 내용을 담은 명언으로, 영화관에서 큰소리로 외친 민우에게 어울리는 교훈은 다음 중 어느 것인가요? (   )

① 인생의 뜻을 세우는 데 적당한 때는 없다
② 최고에 도달하려면 최저에서 시작해라
③ 당신이 남에게 피해를 주지 않는 한 자유롭다
④ 아는 것이 힘이다

06 • (   )는 최근에 본 영화가 있나요? (   )

① 예 ② 아니요 ③ 기타

07 • 이 이야기를 통해 알 수 있는 것은 무엇인가요? (   )

① 영화관에서는 조용히 해야 한다
② 팝콘은 집에서 먹는 것이 좋다
③ 가족은 항상 같이 앉아야 한다
④ 민우는 참을성이 없다

발견하기 4

교육 활동 영역

• 사회 규칙

도로에서는 보행자와 운전자 모두 기본적인 교통 규칙을 지켜야 함을 알 수 있습니다. 특히 급하게 움직이는 행동이 다른 사람에게 위협이 될 수 있다는 것을 배우고, 나아가 공공장소에서 서로의 안전과 질서를 위해 지켜야 할 사회적 규범의 중요성도 이해할 수 있습니다.

• 정서 조절

무서운 상황이나 위협적인 말에 직면했을 때 느끼는 두려움과 불안을 인식하고 다루는 법을 배울 수 있습니다. 이를 통해 감정이 격해지는 순간에도 침착하게 대응하며 감정에 휩쓸리지 않고 상황을 판단해 적절히 반응하는 능력을 키웁니다.

• 의사소통

긴장되고 위협적인 상황에서도 사과와 해명을 통해 자신의 의사를 전달하는 경험을 할 수 있습니다. 말투와 표현이 상황에 따라 얼마나 큰 영향을 주는지를 이해하여 위기 상황에서 올바르게 의사소통하며 갈등을 최소화하는 방법을 배울 수 있습니다.

숨은 뜻 찾기

기본 언어 학습

- 급하다: 시간이 없거나 마음이 조급해 서두르는 상태
- 험악하다: 분위기나 표정이 무섭고 험한 느낌을 주는 것
- 뒷걸음질 치다: 무서움이나 놀람 때문에 몸을 뒤로 물러서면서 걷는 것

표현 익히기

▶ 야! 너 이 자식, 죽고 싶어?: 강한 분노나 위협을 담아 상대를 심하게 꾸짖거나 겁 줄 때 사용하는 매우 공격적인 표현이다. '야' '이 자식' '죽고 싶어?'와 같은 말은 분노가 폭발한 상태를 드러내며, 상대방에게 큰 불쾌감과 두려움을 줄 수 있어 실제 대화에서는 사용을 삼가야 한다.

관용어

▶ 가슴이 철렁하다: 깜짝 놀라거나 놀람과 동시에 두려움을 느끼는 상태로, 자동차가 갑자기 멈추는 소리에 놀라 멈춰 선 아이의 심리 상태를 표현한다.

생각을 여는 지도 Tip

보행 안전 수칙을 지키는 습관과 위협적인 상황일 때 어떻게 대처하면 좋을지에 대해 이야기해 보세요. 상황을 떠올리며 대처 방법을 함께 생각해 보는 활동은, 보행 안전의 중요성을 이해하고 상황 판단력과 표현력을 기르는 데 도움이 됩니다.

그림에서 발견하기

그림을 보고 말해요

- 어디에서 어디로 가는 길일까요?
- 왜 이렇게 급하게 뛰고 있을까요?
- 이 친구의 얼굴에서 어떤 기분이 느껴지나요?
- 만약 학교에 늦는다면 어떤 기분이 들 것 같나요?

발견하기 4

교육 활동 영역: 사회 규칙, 정서 조절, 의사소통

년 월 일 요일 이름: ____________

제목: ______________________________

늦잠을 잤어요. 학교에 지각을 할 것 같아 급하게 뛰고 있었어요. 그때, 아파트로 들어오던 검은색 자동차가 끼익하는 소리와 함께 급하게 멈췄어요. 깜짝 놀라 주춤거리는데, 차에서 무섭게 생긴 아저씨가 내렸어요.

"야! 너 이 자식, 죽고 싶어?"

아저씨는 험악한 표정으로 손을 휘두르며 다가왔어요. 나는 무서워서 뒷걸음질 치며 말했어요.

"아, 아니요. 죄, 죄송해요."

발견하기 4

01 · 주인공은 왜 급하게 뛰어갔나요? ( )

① 학교에 늦을까 봐 ② 늦잠을 자서 ③ 빨리 가려고 ④ 기타

02 · 자동차는 왜 주인공 앞에 멈춰 섰을까요? ( )

① 도착지에 다 와서 ② 주인공을 혼내 주려고 ③ 길을 몰라서
④ 자동차가 고장 나서 ⑤ 기타

03 · 아저씨가 화를 낸 이유는 무엇일까요? ( )

① 주인공이 자동차를 막아서 ② 주인공이 늦잠을 자서
③ 주인공이 무시했기 때문에 ④ 주인공이 뛰어다녔기 때문에 ⑤ 기타

04 · 놀라거나 무서운 일을 당했을 때 순간적으로 가슴이 내려앉는 듯한 느낌을 표현한 관용어로, 무섭게 생긴 아저씨가 소리치며 다가올 때의 감정에 어울리는 말은 다음 중 어느 것인가요? ( )

① 가슴이 철렁하다 ② 입이 무겁다 ③ 속이 터지다 ④ 어깨가 으쓱하다

05 · 아저씨는 왜 주인공에게 죽고 싶냐고 물었나요? ( )

① 사고가 나면 죽을 수도 있어서 ② 죽고 싶은지 궁금해서
③ 차 앞으로 뛰어가서 ④ 사고가 나면 다칠 수 있어서 ⑤ 기타

06 · (   )는 부모님 외에 다른 어른에게 꾸중을 들은 적이 있나요? ( )

① 예 ② 아니요 ③ 기타

07 · 이 이야기를 통해 알 수 있는 것은 무엇일까요? ( )

① 안전운전을 해야 한다 ② 무서운 아저씨를 만나면 도망가야 한다
③ 아파트 안에서 뛰지 말아야 한다 ④ 늦잠을 자지 말아야 한다

발견하기 5

교육 활동 영역

• 기본 생활 습관

일기를 쓰는 활동은 매일의 생활을 돌아보고 글로 표현하는 습관을 길러 줍니다. 특히 맞춤법이 틀려도 꾸준히 쓰는 태도는 자기 표현력과 성실한 생활 습관 형성에 도움이 됩니다.

• 정서 조절

놀림을 당하거나 부끄러운 상황에서 느끼는 화난 감정을 인식하고 조절하는 방법을 배울 수 있습니다. 이 과정에서 언니에게 소리치는 직접적인 표현 외에 다른 방식의 표현도 익히게 됩니다. 이를 통해 감정을 다스리며 갈등 상황을 긍정적으로 해결하는 태도를 기릅니다.

• 자아 존중감

글씨가 틀렸다는 놀림 속에서도 엄마의 따뜻한 격려를 통해 자신감을 회복하고 스스로를 부족하게 느끼기보다 성장 가능성을 인정받으며 자존감을 키울 수 있습니다. 더불어 실수나 부족함 속에서도 나를 긍정적으로 바라보는 태도를 기를 수 있게 됩니다.

숨은 뜻 찾기

속담

▶ 개구리 올챙이 적 생각 못한다: 예전에 자기도 못했으면서, 지금 잘한다고 해서 옛날 일을 잊고 남을 무시한다는 뜻이다. 언니가 예전에 자기도 틀렸던 것을 잊고, 혜주를 놀리는 모습에서 이 속담의 의미가 드러난다.

관용어

- 우쭐대다: 잘난 체하거나 자기 잘난 줄 알고 뽐내는 태도를 보이는 표현이다. 언니가 혜주보다 글씨를 잘 쓴다는 이유로 놀리고 자랑하는 태도에서 우쭐대는 모습을 볼 수 있다.
- 기고만장하다: 일이 잘 풀려 기세가 크게 올라 우쭐대는 태도를 보이는 뜻이다. 언니가 동생의 맞춤법 실수를 지적하며 자신이 잘난 듯 놀리는 모습에서 기고만장한 태도가 드러난다.

명언

- 자신감과 자만심은 종이 한 장 차이이다: 스스로를 믿는 태도와 잘난 체하며 남을 무시하는 태도는 아주 작은 차이로 나뉜다는 뜻으로, 언니가 동생의 글씨를 비웃고 엄마에게 고자질하는 모습은 자신감이 자만으로 바뀐 모습으로 보인다.

생각을 여는 지도 Tip

틀리거나 서툰 모습을 누군가에게 지적받으면 어떤 기분이 들 것 같은지 이야기해 보세요. 실수에 초점을 두기보다는 노력하는 과정의 중요함을 지도하면 아이가 정서 조절과 자아 존중감을 기르는 데 도움이 됩니다.

그림에서 발견하기

그림을 보고 말해요

- 언니는 어떤 표정을 짓고 있나요?
- 지금 무슨 생각을 하고 있을 것 같나요?
- 이런 표정을 지었을 때가 있었나요?
- 친구가 이런 표정을 짓는다면 어떤 기분이 들까요?

발견하기 5

교육 활동 영역: 기본 생활 습관, 정서 조절, 자아 존중감

년 월 일 요일 이름: ____________

제목: ______________________________

"오늘 노리터에서 그내를 타써요."

이렇게 일기를 쓰고 있는데, 옆에서 보던 언니가 킥킥 웃었어요. 혜주는 화가 나서 일기장을 가리며 소리쳤어요.

"저리 가!"

그러자 언니는 큰소리로 엄마에게 일렀어요.

"엄마! 혜주가 글씨 다 틀리게 썼어!"

주방에서 설거지를 하던 엄마가 말했어요.

"괜찮아! 너도 1학년 때는 그랬는데 지금은 잘 쓰잖아. 혜주도 3학년 되면 잘 쓸 거야."

발견하기 5

01 · 언니가 혜주의 일기를 보고 어떻게 했나요? (　)

① 칭찬했어요　② 웃었어요　③ 무시했어요　④ 울었어요　⑤ 기타

02 · 언니는 몇 학년일까요? (　)

① 일 학년　② 이 학년　③ 삼 학년　④ 사 학년　⑤ 기타

03 · 언니는 일 학년 때 한글맞춤법을 잘 지켜서 글자를 썼나요? (　)

① 예　② 아니요　③ 기타

04 · 혜주가 언니에게 소리칠 때 어떤 기분이었을까요? (　)

① 슬펐어요　② 기뻤어요　③ 화가 났어요　④ 신났어요

05 · 예전에는 자신도 서툴렀으면서 지금은 잘한다고 하여 남을 무시하거나 놀리는 모습을 비판할 때 쓰는 속담으로, 글씨를 틀렸다고 혜주를 놀리는 언니의 행동에 어울리는 말은 다음 중 어느 것인가요? (　)

① 개구리 올챙이 적 생각 못한다　② 소 잃고 외양간 고친다
③ 티끌 모아 태산　④ 고생 끝에 낙이 온다

06 · 엄마는 혜주가 글자를 틀리게 쓰는데도 왜 괜찮다고 하나요? (　)

① 엄마는 글자에 관심이 없어서　② 글자는 좀 틀려도 괜찮아서
③ 삼 학년이 되면 잘 쓸 거라서　④ 아직 일 학년이라서　⑤ 기타

07 · (　　　)는 글자를 틀리게 써서 놀림을 받은 적이 있나요? (　)

① 예　② 아니요　③ 기타

발견하기 6

교육 활동 영역

• 기본 생활 습관

아침에 정해진 시간에 일어나는 습관은 일상생활의 규칙성과 책임감을 기르는 데 중요합니다. 늦잠을 자면 지각으로 이어질 수 있음을 인식하고, 자기 생활을 스스로 조절하려는 태도가 필요합니다. 이렇게 갖춰진 규칙적인 생활 습관은 건강하고 안정된 하루의 시작을 도와줄 것입니다.

• 정서 조절

짜증이나 불편한 감정을 격하게 표현하기보다는, 그 감정을 스스로 인식하고 조절하는 방법을 배울 수 있습니다. 예컨대, 선우처럼 울먹이는 감정은 마음에 어려움이 있음을 보여 주는 신호이기도 하며, 이를 표현하고 다루는 능력이 중요합니다. 궁극적으로는 감정을 터뜨리는 대신 말로 표현하고 대화하는 방식을 익혀 갈등 상황을 효과적으로 해결하는 태도에 도움이 될 것입니다.

• 문제 해결

선우가 학교에 가기 싫어하는 이유를 파악하고, 그 원인을 함께 찾아 해결하려는 접근이 필요합니다. 따라서 감정이나 행동 뒤에 숨겨진 문제를 인식하고 대화를 통해 해결 방안을 찾아 상황을 함께 풀어 가야 합니다.

숨은 뜻 찾기

기본 언어 학습

▶ 웅크리다: 몸을 작게 만들기 위해 팔이나 다리를 움츠리는 것

▶ 울먹이다: 울음이 터질 것처럼 목소리가 떨리거나 얼굴이 찡그려지는 모습

관용어

▶ 속이 타다: 걱정이나 답답함 때문에 마음이 몹시 괴롭다는 표현이다. 엄마가 늦잠 자는 선우를 보며 걱정하고 재촉하는 장면에서, 속이 타는 듯한 마음이 느껴진다.

▶ 실랑이를 벌이다: 서로 자기 주장을 내세우며 옥신각신 다투는 표현으로, 일어나기 싫다는 선우와 깨우려는 엄마 사이에 반복되는 다툼 상황에서 실랑이를 벌이고 있다.

생각을 여는 지도 Tip

아침에 일어나기 싫다면 왜 그럴까에 대해 이야기해 보세요. 감정을 말로 표현하고 그 이유를 함께 생각해 보는 활동은 정서 조절과 문제 해결 능력을 기르는 데 도움이 됩니다.

그림에서 발견하기

그림을 보고 말해요

- 이 그림은 하루 중 언제일 것 같나요?
- 아침에 일어나면 제일 먼저 무엇을 하나요?
- 해가 떠오르는 것을 본 적이 있나요?
- ○○는 아침에 일어나면 어떤 기분이 드나요?

발견하기 6

교육 활동 영역: 기본 생활 습관, 정서 조절, 문제 해결

년 월 일 요일 이름: ____________

제목: ________________

"선우야, 일어나."

엄마가 깨웠어요. 하지만 선우는 눈을 뜨지 않았어요. 잠시 후, 엄마가 다시 말했어요.

"선우야, 얼른 일어나! 늦겠다!"

그러자 선우는 이불 속에서 웅크린 채 고함을 질렀어요.

"싫어! 더 잘 거야!"

엄마는 방으로 들어와 이불을 확 잡아당기며 소리쳤어요.

"늦었어! 이러다 또 지각해!"

그러자 선우는 울먹이며 말했어요.

"나…… 학교 가기 싫어."

발견하기 6

01 · 엄마는 왜 선우를 깨웠나요? (　　)

① 아침이라서　② 선우가 늦잠을 자서　③ 지각할까 봐　④ 기타

02 · 엄마가 이불을 당기며 선우를 깨울 때, 엄마의 기분은 어땠을까요? (　　)

① 즐겁다　② 짜증이 난다　③ 화가 난다　④ 속상하다　⑤ 기타

03 · 선우는 왜 일어나기 싫어할까요? (　　)

① 잠을 더 자고 싶어서　② 졸려서　③ 학교에 가기 싫어서　④ 기타

04 · 이대로라면 선우는 결국 어떻게 될까요? (　　)

① 지각한다　② 선생님께 혼난다　③ 학교가 더 싫어진다　④ 기타

05 · 선우가 만약 일찍 일어나서 학교에 가면 어떤 점이 좋을까요? (　　)

① 친구들과 이야기를 할 수 있다　② 서두르지 않고 여유 있게 간다
③ 엄마가 힘들어하지 않는다　④ 기타

06 · (　　　)는 아침에 일어날 때 기분이 어떤가요?

07 · 걱정이나 안타까움으로 마음이 몹시 괴로운 상태를 표현한 관용어로, 일어나기 싫어하는 선우를 깨우는 엄마의 마음과 어울리는 말은 다음 중 어느 것인가요? (　　)

① 겁에 질리다　② 귀가 가렵다　③ 속이 타다　④ 입이 무겁다

발견하기 7

교육 활동 영역

• 또래 관계

친구들과의 긍정적인 관계를 형성하는 데 어려움을 겪는 선우의 모습을 통해 또래 간의 상호작용의 중요성을 이해할 수 있습니다. 동시에 반복되는 부정적인 반응과 단절은 아이의 소외감과 불안감을 키울 수 있음을 깨닫게 됩니다. 이에 따라 친구와 잘 지내기 위해 필요한 배려, 소통, 긍정적인 행동을 배울 수 있는 기회가 더욱 중요해집니다.

• 정서 조절

반복되는 부정적인 경험 속에서 생겨난 선우의 감정은 학교에 가기 싫다는 행동으로 표현됩니다. 따라서 감정이 쌓이면 행동에 영향을 준다는 것을 인식하고, 스스로 감정을 인지하고 조절하는 능력이 필요합니다. 또한 불안과 외로움 같은 감정을 건강하게 표현하고 해소할 수 있도록 돕는 정서적 지지가 중요합니다.

• 문제 해결

선우가 겪는 문제의 원인을 파악하고, 그 상황을 어떻게 개선할 수 있을지 함께 고민해 보는 과정이 필요합니다. 단순히 행동을 지적하기보다는 왜 그런 행동을 하게 되었는지를 이해하고 대안을 찾아가는 접근이 중요합니다. 교사, 부모, 친구와 함께 문제를 해결하는 과정을 통해 사회적 기술과 회복력을 기를 수 있습니다.

숨은 뜻 찾기

기본 언어 학습

▶ 어김없이: 약속하거나 예상한 대로 빠짐없이 꼭 그렇게 되는 것

표현 익히기

▶ 선생님이 몇 번이나 얘기했니?: 여러 번 얘기했는데도 고쳐지지 않아 질책하는 말이다. 반복을 강조하는 '몇 번이나'와 의문문 형식을 통해 말하는 이의 답답함을 나타내는 문장 구조다.

관용어

▶ 주눅 들다: 기세에 눌려 마음이 움츠러드는 모습으로, 선우가 반복해서 혼나고 친구들에게 거부당하며, 점점 자신감을 잃고 위축된 모습에서 주눅 든 상태가 드러난다.

▶ 따돌림을 당하다: 무리 속에서 일부러 외면당하거나 배척당한다는 뜻으로, 선우가 친구들 사이에서 점점 멀어지고, 결국 친한 친구 없이 외롭게 지내는 모습에서 따돌림을 당하는 상황이 나타난다.

생각을 여는 지도 Tip

학교에서 친구와 잘 어울리지 못할 때 어떤 마음이 들지, 그리고 그럴 때 어떻게 하면 좋을지 이야기해 보세요. 감정을 솔직하게 표현하고 해결 방법을 함께 찾아보는 활동은 정서 조절과 문제 해결 능력을 기르는 데 도움이 됩니다.

그림에서 발견하기

그림을 보고 말해요

- 이 친구는 어떤 표정을 짓고 있나요?
- 무슨 일이 있었길래 이렇게 걷고 있을까요?
- 이런 기분이 들었던 때가 있나요?
- 속상할 때는 어떻게 하면 기분이 좀 나아질까요?

발견하기 7

교육 활동 영역: 또래 관계, 정서 조절, 문제 해결

년 월 일 요일 이름: ____________

제목:

"저리 가!" "에잇, 뭐야?" "야! 선우 온다. 조심해!"

선우가 학교에서 친구들에게 자주 듣는 말이에요. 선생님에게도 이런 말을 자주 들어요.

"선우야, 여길 잘 봐야지." "한 번 더 잘 생각해 봐." "선생님이 몇 번이나 얘기했니? 그렇게 하면 안 된다고 했잖아!"

선우에겐 친한 친구도 없어요. 가끔 다정하게 다가와 주는 아이들도 있었지만, 시간이 지나면 하나둘 선우를 멀리했어요. 그래서 선우는 학교가 점점 더 싫어졌어요. 오늘도 어김없이 아침이 밝았고, 엄마는 선우를 깨웠어요. 하지만 선우는 이불 속에서 나오고 싶지 않았어요.

발견하기 7

01 · 선우가 학교에서 친구들에게 주로 듣는 말은 무엇인가요? (　)

① "선우야, 정말 잘했어!"　② "선우야, 같이 놀자!"
③ "야! 선우 온다. 조심해!"　④ "선우야, 우리랑 점심 먹을래?"

02 · 선생님이 선우에게 자주 하는 말은 무엇인가요? (　)

① "잘했어! 최고야!"　② "선우야, 여길 잘 봐야지."
③ "네가 우리 반의 자랑이야."　④ "다음에 더 잘해 보자."

03 · 이야기 속에서 선우의 기분은 주로 어떨까요? (　)

① 짜증난다　② 슬프다　③ 화가 난다　④ 기타

04 · 선우에게 친절했던 친구들이 나중에 어떻게 행동하나요? (　)

① 계속 친절하다　② 선우와 더 친해진다
③ 선우를 피하기 시작한다　④ 선우를 도와준다

05 · 무리 속에 섞이지 못하고 따돌림을 당하거나 어울리지 못하는 사람을 비유적으로 이르는 속담으로, 친구들과 잘 어울리지 못하는 선우의 상황에 어울리는 말은 다음 중 어느 것인가요? (　)

① 누워서 침 뱉기　② 믿는 도끼에 발등 찍힌다
③ 개밥의 도토리　④ 배보다 배꼽이 크다

06 · 친구들이 선우를 멀리하는 이유는 무엇일까요? (　)

① 선우를 싫어해서　② 선우를 무서워해서
③ 선우 때문에 불편한 일이 생겨서　④ 기타

07 · (　　　)는 학교에 가기 싫었던 적이 있나요? (　)

① 예　② 아니요　③ 기타

발견하기 8

교육 활동 영역

• 또래 관계

친구와 함께 시간을 보내며 친밀감을 쌓는 과정을 통해 또래 간의 관계 형성을 경험할 수 있습니다. 예나와 윤서의 자연스러운 대화를 통해 친구 사이의 관심과 배려가 어떻게 나타나는지 알 수 있습니다. 나아가 즐거운 상황 속에서도 예상치 못한 상황이 발생할 수 있음을 이해하며 관계를 조율하는 방법을 배웁니다.

• 정서 조절

갑작스러운 상황에 당황하거나 실망하는 감정을 느끼는 윤서의 반응을 통해 불쾌하거나 놀라운 감정이 생길 때, 그 감정을 어떻게 표현하고 다루는지에 대한 방법을 배울 수 있습니다. 이 과정에서 감정 표현을 통해 상황을 받아들이고 상대방을 이해하려는 태도를 기를 수 있게 됩니다.

• 공감 능력

친구가 알레르기 반응으로 불편해하는 상황을 보고, 그 감정과 입장을 이해하려는 태도를 배울 수 있습니다. 공감은 나와 다른 사람의 입장에서 생각해 보고 함께 마음을 나누는 경험을 통해 키워집니다. 따라서 친구의 감정에 관심을 기울이고 배려하는 행동을 통해 공감 능력을 발달시킬 수 있습니다.

숨은 뜻 찾기

표현 익히기

▶ 너 고양이 키우는구나?: 새로운 사실을 알게 되었을 때 놀라움이나 관심을 담아

확인하는 표현으로, '~는구나?'는 감탄이나 깨달음을 표현하면서 상대에게 자연스럽게 되묻는 말투로, 친근하고 부드러운 느낌을 준다.

속담

- 마른하늘에 날벼락: 전혀 예상하지 못한 뜻밖의 일이 갑자기 닥침을 표현하는 말로, 즐겁게 놀던 중 예나가 갑자기 집에 간다고 하자, 윤서는 전혀 예상하지 못한 상황으로 느껴진다.

관용어

- 귀를 의심하다: 믿기 어려운 말을 듣고 놀라거나 당황하는 뜻으로, 윤서는 예나가 집에 간다는 말에 놀라며 믿기 어려워하는 반응을 보인다.

생각을 여는 지도 Tip

예상치 못한 상황으로 계획이 달라졌을 때 어떤 기분이 드는지 이야기해 보세요. 당황하거나 아쉬운 마음을 표현하고 친구의 입장을 이해하려는 태도는 아이의 공감 능력과 정서 조절 능력을 기르는 데 도움이 됩니다.

그림에서 발견하기

그림을 보고 말해요

- 이 친구는 지금 무엇을 하고 있나요?
- 재채기할 때 우리가 조심해야 할 점은 무엇일까요?
- 재채기가 자주 나오는 이유는 무엇일까요?
- 친구가 재채기를 하면 ○○는 어떻게 행동하면 좋을까요?

발견하기 8

교육 활동 영역: 또래 관계, 정서 조절, 공감 능력

년　　월　　일　　요일 이름: ____________

제목:

윤서네 집에 예나가 놀러 왔어요.

"야옹~"

소파 뒤에서 고양이가 살금살금 다가오더니 윤서 곁에 앉았어요. 윤서는 빙그레 웃으며 고양이 등을 쓰다듬었어요.

"앗! 고양이네! 너 고양이 키우는구나?"

예나가 깜짝 놀라며 물었어요.

"응, 인사해. 얘 이름은 루미야."

"안녕, 루미야!"

예나는 손을 흔들며 인사했어요. 그런데 잠시 후, 예나가 재채기를 하며 코를 훌쩍였어요.

"에취! 윤서야, 나 집에 갈래."

윤서가 당황한 표정으로 물었어요.

"뭐? 벌써?"

발견하기 8

01 · 예나가 놀러 간 곳은 어디인가요? (   )

① 민서네 집 ② 윤서네 집 ③ 예은이네 집 ④ 시우네 집 ⑤ 기타

02 · 윤서는 어떤 동물을 키우나요? (   )

① 강아지 ② 고양이 ③ 햄스터 ④ 도마뱀 ⑤ 기타

03 · 너무 뜻밖의 말을 듣고 놀라서 믿기 어려워하는 상태를 표현한 관용어로, 예나가 갑자기 집에 가겠다고 하자 윤서가 당황해하는 상황에 어울리는 말은 다음 중 어느 것인가요? (   )

① 귀를 의심하다 ② 입을 모으다 ③ 얼굴이 피다 ④ 손을 벌리다

04 · 예나는 온 지 얼마나 되었을까요? (   )

① 10분 ② 30분 ③ 한 시간 ④ 반나절 ⑤ 기타

05 · 예나는 왜 갑자기 집에 간다고 했을까요? (   )

① 배가 고파서 ② 피곤해서 ③ 재채기를 해서
④ 숙제를 해야 해서 ⑤ 기타

06 · 윤서는 예나가 집에 간다는 말에 어떤 기분이었을까요? (   )

① 화가 났어요 ② 속상했어요 ③ 당황했어요 ④ 짜증이 났어요 ⑤ 기타

07 · (   )는 어떤 동물을 좋아하나요?

발견하기 9

교육 활동 영역

• 정서 조절

윤서는 기대했던 상황이 이루어지지 않아 실망하고 속상한 감정을 경험합니다. 이를 통해 자신의 감정을 인식하고 차분히 받아들이는 과정을 배우며 감정 조절 능력을 키우게 됩니다. 더불어 감정 표현을 통해 상황을 이해하고 다음에 어떻게 행동할지를 생각하는 태도까지 기를 수 있을 것입니다.

• 책임감

윤서는 엄마와의 약속대로 고양이를 돌보며 반려동물에 대한 책임감을 기르고 있습니다. 이 과정에서 생명을 돌보는 일에 따르는 꾸준한 관심과 배려가 필요하다는 것을 배울 수 있습니다. 나아가 동물을 키우는 일이 단순한 재미가 아닌, 지속적인 돌봄이라는 점을 인식하는 데 도움이 됩니다.

• 공감 능력

예나가 갑작스러운 알레르기 반응을 보이며 불편해하는 모습을 보고 윤서는 당황하고 안타까워합니다. 이 과정에서 친구의 상황을 이해하고 마음을 헤아리는 경험을 통해 공감 능력을 키울 수 있습니다. 더불어 자신과 다른 상황이나 조건에 놓인 친구를 배려하는 태도를 기를 수 있습니다.

숨은 뜻 찾기

기본 언어 학습

▶ 단짝: 아주 가까운 사이의 친구

속담

▶ 두 마리 토끼를 쫓다: 욕심을 부려 두 가지를 모두 이루려 하다가 하나도 제대로 이루지 못하게 된다는 뜻이다. 윤서는 친구 예나와 고양이 루미 모두와 즐거운 시간을 보내고 싶었지만, 결국 어느 쪽도 만족스럽지 못한 결과가 되어 속상해한다.

관용어

▶ 김이 새다: 기대했던 일이 어그러져 의욕이나 흥미가 떨어진다는 표현이다. 윤서는 예나와 고양이가 함께 어울리길 바랐지만 기대가 무산되며 실망하고 마음이 가라앉은 모습이다.

생각을 여는 지도 Tip

친구와 재미있게 놀고 싶었는데 친구가 갑자기 돌아가야 했던 일이 생긴다면 어떤 마음이 들지 이야기해 보세요. 아쉬운 마음을 표현하고 친구를 이해하려는 태도는 아이의 공감 능력과 정서 조절 능력을 기르는 데 도움이 됩니다.

그림에서 발견하기

그림을 보고 말해요

- 이 고양이는 어떤 표정을 짓고 있나요?
- ○○는 고양이를 만져 본 적이 있나요? 어땠나요?
- 고양이와 함께 있으면 어떤 느낌이 들까요?
- ○○는 어떤 동물을 좋아하나요? 왜 그 동물이 좋은가요?

발견하기 9

교육 활동 영역: 정서 조절, 책임감, 공감 능력

년 월 일 요일 이름: ____________

제목: ____________________

윤서는 고양이를 키우고 싶어서 몇 달 동안 엄마를 졸랐어요.

"네가 잘 돌봐 줘야 해!"

마침내 엄마는 허락했어요. 윤서는 너무 기뻤어요. 고양이에게 '루미'라는 이름도 지어 주었죠. 단짝 친구 예나에게도 루미를 보여 주고 싶어서 집에 초대했어요. 예나는 루미를 보자마자 "에취!" 하고 재채기를 하더니, 눈까지 빨개졌어요. 결국 놀지도 못하고 집으로 돌아갔어요. 윤서는 예나와 루미가 함께 어울려 놀길 바랐지만, 그러지 못해 속상했어요.

발견하기 9

01 · 윤서는 왜 예나를 초대했을까요? ( )

① 함께 숙제를 하려고 ② 고양이 루미를 보여 주려고
③ 예나의 생일 파티를 하려고 ④ 같이 영화를 보려고

02 · 예나가 루미를 보자마자 재채기를 한 이유는 무엇일까요? ( )

① 감기에 걸려서 ② 고양이가 무서워서
③ 고양이 알레르기가 있어서 ④ 방이 추워서

03 · 기대하거나 들떴던 마음이 뜻밖의 일로 갑자기 시들해지는 상황을 표현한 관용어로, 예나와 고양이가 함께 어울리길 바랐지만 기대가 무산되며 실망한 윤서의 모습과 어울리는 말은 다음 중 어느 것인가요? ( )

① 손을 내밀다 ② 입이 가볍다 ③ 눈에 띄다 ④ 김이 새다

04 · 윤서는 왜 속상해했을까요? ( )

① 예나가 루미를 좋아하지 않아서
② 예나가 루미를 쓰다듬지 않아서
③ 루미와 예나와 함께 놀고 싶었는데 예나가 금방 돌아가서
④ 루미가 아파 보여서

05 · 다음 날 윤서가 예나에게 "어제 많이 놀지 못했으니 오늘 우리 집에서 다시 놀자." 고 했어요. 예나는 어떻게 대답할까요? ( )

① 응, 좋아 ② 아니야, 안 갈래 ③ 우리 집에서 놀자 ④ 기타

06 · (   )는 친구가 오자마자 갑자기 돌아가면 어떤 기분이 들까요?

07 · 이 이야기에서 알 수 있는 점은 무엇인가요?

① 모든 아이들이 고양이를 좋아한다 ② 친구보다 고양이가 더 소중하다
③ 내가 좋아하는 동물은 모두가 좋아한다 ④ 친구가 나와 다른 점이 있다

발견하기 10

교육 활동 영역

• 또래 관계

친구 사이의 초대와 같은 사회적 상호작용을 통해 또래 관계의 형성과 변화 과정을 경험할 수 있습니다. 초대받지 못한 상황에서 느끼는 소외감은 또래 안에서의 소속감 욕구와 밀접하게 관련되어 있습니다. 친구 관계 속에서 기대와 현실이 어긋날 때 생기는 감정을 이해하고, 건강한 관계를 맺기 위한 방법을 생각해 볼 수 있습니다.

• 정서 조절

민서는 속상한 감정을 느끼지만 이를 겉으로 드러내지 않고 억누르며 스스로 조절하려고 합니다. 이때 슬픔이나 실망과 같은 감정을 인식하고 적절히 표현하는 방법을 배우는 것이 중요합니다. 이 과정에서 마음을 건강하게 다루고, 상황에 따라 차분히 대처하는 능력을 기를 수 있습니다.

• 자아 존중감

초대받지 못한 상황을 통해 자신이 소외되었다고 느끼면서 자존감에 영향을 받을 수 있습니다. 이럴 때 자신의 가치를 외부 상황에만 의존하지 않고 스스로를 긍정적으로 바라보는 태도가 필요합니다. 이러한 과정을 통해 자신을 소중히 여기며 감정에 흔들리지 않는 건강한 자아 존중감을 기를 수 있습니다.

숨은 뜻 찾기

기본 언어 학습

▶ 억누르다: 감정이나 행동을 억지로 참거나 누르는 것

관용어

▶ 마음이 무겁다: 걱정되거나 속상한 일이 있어 기분이 가라앉고 우울하다는 의미다. 민서는 초대를 받지 못한 채 하루를 보내며 마음이 답답하고 슬퍼진 상태다.

▶ 목이 빠지게 기다리다: 몹시 오랫동안 간절하게 기다린다는 표현으로, 민서는 주아가 초대해 주길 기대하며 하루 종일 기다렸지만, 끝내 아무 말도 듣지 못했다.

명언

▶ 실망은 우리의 기대를 재조정하는 과정이다: 기대가 어긋났을 때 생기는 감정은, 상황을 다시 바라보고 마음을 다잡는 계기가 될 수 있다는 뜻이다. 민서는 초대받을 거라 믿었지만 아무 말도 듣지 못하자 실망했고, 그 감정을 통해 마음을 조용히 추슬러야 했다.

생각을 여는 지도 Tip

초대받지 못한 민서의 마음이 어땠을지 이야기해 보세요. 속상한 상황을 함께 바라보고 친구의 마음을 이해해 보려는 시간은 아이의 공감 능력과 감정 이해에 도움이 됩니다.

그림에서 발견하기

그림을 보고 말해요

- 생일 파티는 언제, 어디에서 열리나요?
- 어떤 친구가 생일을 맞았을까요?
- 생일 케이크 위에는 무엇이 올려져 있나요?
- ○○는 생일에 무엇을 했을 때 가장 기분이 좋았나요?

발견하기 10

교육 활동 영역: 또래 관계, 정서 조절, 자아 존중감

년　　월　　일　　요일　이름: ____________

제목:

민서는 쉬는 시간에 주아가 예은이에게 하는 말을 들었어요.

“토요일에 내 생일 파티에 와서 같이 놀자! 올 수 있지?”

민서는 자신도 초대받을 거라고 생각했어요. 그런데 쉬는 시간이 끝나자 주아는 자기 자리로 돌아갔어요.

‘오늘 중으로 초대하겠지’라고 생각하며 기다렸지만, 수업이 끝나고 집에 갈 때까지 주아는 아무 말도 하지 않았어요. 민서는 속상한 마음을 억눌렀지만, 눈물이 날 것 같았어요.

발견하기 10

01 · 민서는 쉬는 시간에 누구의 대화를 들었나요? (　)

① 주아와 하윤이　② 민서와 예은이　③ 주아와 하윤이　④ 예은이와 주아

02 · 주아는 예은이에게 무엇을 이야기했나요? (　)

① 생일 파티 초대　② 숙제　③ 학교 행사　④ 운동회

03 · 간절한 마음으로 오랫동안 어떤 일을 기다리는 모습을 표현한 관용어로, 주아가 초대해 주기를 바라며 하루 종일 마음 졸인 민서의 모습에 어울리는 말은 다음 중 어느 것인가요? (　)

① 목이 빠지게 기다리다　② 손을 놓고 있다　③ 비행기 태우다　④ 귀가 얇다

04 · 주아가 민서를 초대하지 않은 이유는 무엇일까요? (　)

① 민서와 덜 친해서　② 파티 인원이 정해져 있어서
③ 민서가 싫어서　④ 민서가 아이들과 잘 어울리지 못해서　⑤ 기타

05 · 민서는 주아와 예은이의 대화를 듣고 어떤 생각을 했나요? (　)

① 주아의 생일 선물을 준비해야겠다고 생각했다
② 자신도 초대받을 거라고 기대했다
③ 주아가 자신을 싫어한다고 생각했다
④ 관심이 없어서 아무런 생각도 하지 않았다
⑤ 기타

06 · 민서는 주아가 자신을 초대하지 않았을 때 어떤 기분이 들었을까요? (　)

① 화가 났다　② 속상했다　③ 괜찮았다　④ 신경 쓰지 않았다

07 · (　　　)는 친한 친구 생일 파티에 초대받지 않으면 어떻게 할 것인가요? (　)

① 이유를 물어본다　② 초대받지 못했어도 생일을 축하해 준다
③ 그냥 넘어간다　④ 다른 친구와 논다　⑤ 기타

발견하기 11

교육 활동 영역

• 정서 조절

하온이는 엄마의 눈물에 혼란스러운 감정을 안고 방으로 들어가 숙제를 하려 해도 집중이 안 되는 모습에서 감정 조절의 어려움을 엿볼 수 있습니다. 이 상황을 통해 마음속 불편한 감정을 인식하고, 이를 어떻게 다루고 표현할지 배우는 것이 얼마나 중요한지 깨달을 수 있습니다.

• 공감 능력

엄마가 평소와 다르다는 것을 눈치채고, 왜 우는지 궁금해하며 걱정하는 하온이의 모습은 공감의 시작입니다. 하온이는 엄마의 감정에 자연스럽게 반응하며 마음을 함께 느끼려 합니다. 이처럼 다른 사람의 감정 변화를 알아차리고, 그 마음을 헤아리는 태도를 기를 수 있습니다.

• 가족 관계

하온이와 엄마 사이의 정서적인 연결을 통해 가족 간의 관계가 얼마나 깊고 민감한지를 느낄 수 있습니다. 가족 구성원의 감정에 관심을 갖고 소통하려는 노력이 가족 유대감을 키우는 데 도움이 됩니다.

• 문제 해결

하온이는 엄마의 울음에 대한 이유를 알지 못하고, 그로 인해 상황에 대한 해결책을 찾으려고 합니다. 이 이야기에서는 문제를 직접적으로 해결하려는 행동은 나타나지 않지만, 하온이가 갈등을 느끼고 그것에 대해 고민하는 과정이 문제 해결의 기초가 될 수 있습니다.

숨은 뜻 찾기

기본 언어 학습

- 훔치다: 손이나 천 등으로 눈물이나 땀을 가볍게 닦는 것
- 차마: 부끄럽거나 안타까워서 감히

관용어

- 안절부절못하다: 걱정되거나 불안해서 가만히 있지 못하고 어쩔 줄 몰라 한다는 뜻이다. 하온이는 숙제를 하려 해도 엄마가 계속 신경 쓰여 집중하지 못하고 마음이 산만해진다.
- 속을 태우다: 걱정이나 안타까움 때문에 마음이 타는 듯이 괴롭다는 의미다. 엄마의 눈물을 본 뒤 왜 우는지 이유를 모르고, 어떻게 해야 할지도 몰라 하온이의 마음이 계속 괴로워지는 상황이다.

생각을 여는 지도 Tip

가족이 울고 있는 모습을 본다면 어떤 마음이 드는지 이야기해 보세요. 걱정되는 감정을 표현하고 조심스럽게 다가가는 방법을 생각해 보는 과정은 아이의 공감 능력과 의사소통 능력을 기르는 데 도움이 됩니다.

그림에서 발견하기

그림을 보고 말해요

- 이 친구는 지금 무엇을 하고 있나요?
- 어떤 표정을 짓고 있나요?
- 책상 위에는 무엇이 놓여 있나요?
- 공부할 때 집중이 안 되면 어떻게 하면 좋을까요?

발견하기 11

교육 활동 영역: 정서 조절, 공감 능력, 가족 관계, 문제 해결

년　　월　　일　　요일 이름: ____________

제목: ______________________________

하온이는 친구와 놀다가 집으로 돌아왔어요. 현관문을 열고 들어서자 엄마의 목소리가 들렸어요.

"하온이 왔니? 어서 들어가서 숙제해."

그런데 엄마의 목소리가 평소와 달랐어요. 이상한 느낌이 들어 고개를 돌린 순간, 하온이는 엄마가 눈물을 훔치는 모습을 봤어요. 엄마가 왜 우는지 궁금했지만 차마 물어볼 용기가 나지 않았어요. 그래서 그냥 방으로 들어왔어요.

하온이는 숙제를 하려고 책을 폈지만, 글자가 눈에 들어오지 않았어요. 엄마가 아직도 우는지, 왜 우는지, 그런 생각들만 머릿속을 맴돌았어요.

발견하기 11

01 · 평소와 다른 엄마의 목소리는 어땠을까요? (　　)

① 상냥한 목소리　② 밝은 목소리　③ 쉰 목소리　④ 잠긴 목소리

02 · 하온이는 엄마가 왜 우는지 궁금했지만 묻지 않은 이유는 무엇일까요? (　　)

① 숙제를 해야 돼서　② 귀찮아서　③ 엄마가 싫어할까 봐　④ 기타

03 · 하온이의 엄마는 왜 울었을까요? (　　)

① 드라마를 보다가 슬픈 장면이 나와서　② 배가 아파서

③ 속상한 일이 있어서　④ 기쁜 소식을 들어서　⑤ 기타

04 · 마음이 불안하고 조마조마해서 어찌할 바를 몰라 하는 모습을 표현한 관용어로, 엄마가 우는 이유가 궁금하고 걱정되어 집중하지 못하는 하온이의 모습에 어울리는 말은 다음 중 어느 것인가요? (　　)

① 가슴을 펴다　② 안절부절못하다　③ 입을 맞추다　④ 귀에 못이 박히다

05 · (　　　　)가 하온이라면 이런 상황에서 어떻게 하겠나요? (　　)

① 왜 우는지 물어본다　② 묻지 않는다　③ 같이 운다　④ 기타

06 · (　　　　)는 언제, 왜 울었나요?

07 · 사람들은 언제 가장 많이 울까요? (　　)

① 슬플 때　② 기쁠 때　③ 속상할 때　④ 감동받았을 때　⑤ 화날 때

발견하기 12

교육 활동 영역

• 또래 관계

진구들 사이의 작은 행동 하나로 관계의 흐름이 바뀔 수 있음을 보여 주는 장면입니다. 민지는 자신의 선택으로 인해 대화에서 멀어지며 소외감을 느낄 수 있습니다. 또래와의 자연스러운 상호작용과 참여, 소통의 중요성을 배울 수 있습니다.

• 정서 조절

민지는 혼자 남겨진 상황에서 섭섭함이나 외로움을 느낄 수 있지만, 그 감정을 겉으로 표현하지 않고 조용히 참습니다. 속상한 마음을 다루고 감정을 적절히 표현하는 능력을 기르는 것이 중요합니다. 이 과정에서 상황을 받아들이며 차분하게 감정을 조절하는 방법을 익힐 수 있습니다.

• 공감 능력

주영이나 지우가 민지의 감정을 알아차리고 배려했더라면 민지는 혼자라고 느끼지 않았을 수 있습니다. 친구의 말이나 행동 뒤에 숨은 감정을 이해하고 공감하는 태도가 중요함을 알 수 있습니다. 다른 사람의 입장에서 생각하고 반응하는 공감적 행동의 필요성을 배울 수 있습니다.

숨은 뜻 찾기

기본 언어 학습

▶ ~못한 채: 어떤 행동을 하지 못한 상태로 다른 행동을 이어 가는 것

속담

- 말 한마디에 천 냥 빚도 갚는다: 상황에 맞는 말 한마디가 큰 갈등이나 문제도 해결할 수 있다는 뜻으로, 민지가 사탕을 거절할 때 좀 더 부드럽게 말했다면 친구들과 자연스럽게 어울릴 수 있었을지도 모른다.

관용어

- 물 위에 기름: 아무리 가까이 있어도 서로 어울리지 못하고 겉도는 모습으로, 민지는 친구들 사이에 있었지만 대화에 자연스럽게 섞이지 못하고 따로 노는 듯한 모습이다.
- 찬밥 신세: 관심을 받지 못하고 소외된 처지가 된다는 뜻으로, 민지는 친구들 대화에 끼지 못한 채 혼자 소외된 느낌을 받는 상황이다.

생각을 여는 지도 Tip

친구들이 어울려 이야기할 때 혼자 남겨진 기분이 어떨지 이야기해 보세요. 그런 상황에서 자신의 감정을 표현하고 자연스럽게 다가가는 방법을 생각해 보는 과정은 아이의 공감 능력과 의사소통 능력을 기르는 데 도움이 됩니다.

그림에서 발견하기

그림을 보고 말해요

- 이 사탕의 포장지는 어떤 모양이나 색깔인가요?
- 사탕을 먹으면 어떤 기분이 드나요?
- ○○는 어떤 맛의 사탕을 가장 좋아하나요?
- 사탕을 먹을 때 조심해야 할 점이 있다면 무엇인가요?

발견하기 12

교육 활동 영역: 또래 관계, 정서 조절, 공감 능력

년 월 일 요일 이름: ____________

제목:

"이거 먹을래?"

주영이가 사탕을 내밀었어요.

"아니, 엄마가 이 썩는다고 사탕 먹지 말랬어."

민지가 말했어요. 그때 교실 문을 열고 지우가 들어왔어요.

"이거 먹을래?"

주영이가 지우에게도 사탕을 내밀었어요.

"응, 고마워."

지우는 사탕을 받으며 말했어요.

"우와! 새콤달콤한 맛이네."

"응, 우리 아빠가 영국에서 사 오신 거야."

"아빠가 영국 다녀오셨구나."

둘은 사탕 얘기부터 시작해서 여러 가지 이야기를 나눴어요. 그런데 민지는 대화에 끼지 못한 채 혼자 멀뚱멀뚱 다른 곳을 바라보고 있었어요.

발견하기 12

01 · 누가 사탕을 주었나요? (　　)

① 민지　② 주영이　③ 지우　④ 예준이

02 · 누가 사탕을 거절했나요? (　　)

① 민지　② 주영이　③ 지우　④ 예준이

03 · 어떤 모임이나 분위기 속에 자연스럽게 어울리지 못하고 겉도는 모습을 표현한 관용어로, 주영이와 지우의 대화에 끼지 못한 민지의 모습에 어울리는 말은 다음 중 어느 것인가요? (　　)

① 물 위에 기름　② 바늘과 실　③ 손에 잡히다　④ 발이 넓다

04 · 친구가 주는 것을 거절하면 그 친구의 기분은 어떨까요? (　　)

① 기분이 나쁘다　② 아무렇지도 않다　③ 기분이 좋다
④ 서운할 수도 있다　⑤기타

05 · 민지는 왜 대화에 끼지 못했나요? (　　)

① 사탕을 거절해서　② 사탕 맛을 몰라서
③ 주영이가 지우하고만 이야기해서　④ 기타

06 · (　　　　)가 싫어하는 것을 친구가 주면 어떻게 할 건가요?

07 · (　　　　)가 친구에게 무엇인가를 줬는데 그 친구가 거절하면 기분이 어떨까요?

발견하기 13

교육 활동 영역

• 또래 관계

친구 사이에서 생긴 작은 실수로 갈등이 생기고, 이를 어떻게 풀어 나가는지가 또래 관계에 큰 영향을 줍니다. 사과를 받아들이지 못하고 공격적인 행동으로 이어지면 관계가 악화될 수 있습니다. 반면, 유나처럼 갈등 상황에서 중재해 주는 친구의 역할은 건강한 또래 관계 형성에 긍정적인 영향을 줍니다.

• 정서 조절

준호는 순간적인 화를 참지 못하고 폭력적인 행동으로 감정을 표현하며 정서 조절에 어려움을 보입니다. 자신의 감정을 조절하지 못하면 다른 사람에게 상처를 줄 수 있다는 것을 배울 수 있습니다. 감정이 올라올 때 이를 인식하고 차분히 다스리는 방법을 익히는 것이 중요합니다.

• 공감 능력

유나는 선우의 입장을 이해하고, 이미 사과한 친구에게 더 이상의 상처가 가지 않도록 도와주려 합니다. 친구의 실수와 감정을 헤아리는 태도는 공감 능력의 중요한 예입니다. 다른 사람의 상황을 이해하고 배려하는 마음을 통해 관계를 더 따뜻하게 만들 수 있습니다.

숨은 뜻 찾기

✕ 기본 언어 학습

▶ 엉덩방아: 넘어질 때 엉덩이로 바닥을 세게 짚는 것

▶ 위협적이다: 상대방을 무섭게 하거나 겁을 주려는 태도를 보이는 것

관용어

▶ 나 몰라라 하다: 책임지지 않고 외면하는 태도를 보이다. 반 친구들이 선우의 상황을 모른 척할 때, 유나만이 나 몰라라 하지 않고 용기를 내어 나선다.

▶ 눈에서 불이 나다: 몹시 화가 나서 눈빛이 매섭고 무서울 정도를 나타내는 표현으로, 준호가 화를 참지 못하고 벌떡 일어나 선우를 밀고 소리치며 위협한다.

생각을 여는 지도 Tip

실수했을 때와 화가 났을 때 어떻게 반응하면 좋을지 이야기해 보세요. 감정을 조절하고 서로의 입장을 이해하려는 노력은 정서 조절 능력과 공감 능력을 기르는 데 도움이 됩니다.

그림에서 발견하기

그림을 보고 말해요

- 책상 밑에 무엇이 놓여 있나요?
- 왜 필통이 바닥에 떨어져 있을까요?
- ○○도 물건을 잃어버리거나 떨어뜨린 적이 있나요?
- 필통 안에는 어떤 물건들이 들어 있을까요?

발견하기 13

교육 활동 영역: 또래 관계, 정서 조절, 공감 능력

년 월 일 요일 이름: ____________

제목: ______________________________

쉬는 시간이었어요. 선우가 준호 옆을 지나가다가 실수로 준호의 필통을 툭 건드려 바닥에 떨어뜨렸어요.

"앗! 미안해."

선우는 필통을 주워 주며 사과했어요.

"에잇, 뭐야!"

준호는 화가 나서 벌떡 일어나 선우를 밀었어요. 선우는 바닥에 엉덩방아를 찧고 말았어요. 그래도 화가 풀리지 않은 준호는 주먹을 쥐고 위협적으로 소리쳤어요.

"야! 내 필통을 왜 건드렸어?"

그때 유나가 말했어요.

"준호야, 그만해! 선우가 미안하다고 하잖아!"

발견하기 13

01 · 준호는 선우에게 왜 화를 내나요? (   )

① 선우를 미워해서 ② 아끼던 필통이 바닥에 떨어져서
③ 선우가 필통을 떨어뜨려서 ④ 다른 일로 화가 나 있어서 ⑤ 기타

02 · 선우가 필통을 떨어뜨린 후 보인 행동은 무엇인가요? (   )

① 모른 척하고 지나갔다 ② 다른 친구에게 책임을 넘겼다
③ 웃으며 도망갔다 ④ 사과하며 필통을 주워 주었다 ⑤ 기타

03 · 알아야 할 일이나 도와야 할 상황을 모르는 척 외면하거나 무시하는 태도를 표현한 관용어로, 선우가 넘어졌을 때 대부분의 반 친구들이 모른 척하며 아무 말 없이 지켜보기만 한 상황에 어울리는 말은 다음 중 어느 것인가요? (   )

① 손사래를 치다 ② 입을 모으다 ③ 귀가 간지럽다 ④ 나 몰라라 하다

04 · 유나는 왜 그만하라고 말했을 것 같나요? (   )

① 준호가 너무한 것 같아서 ② 선우가 실수로 그런 것이어서
③ 원래 잘 끼어드는 성격이라서 ④ 더 큰 싸움이 날까 봐 ⑤ 기타

05 · (   )는 앞과 같은 상황에서 어떻게 하고 싶은가요? (   )

① 둘이 나가서 싸우라고 한다 ② 선생님께 이른다
③ 유나처럼 그만하라고 말한다 ④ 가만히 있는다 ⑤ 기타

06 · 다른 아이가 (   )를 화나게 하면 어떻게 하나요?

07 · 다른 아이가 (   )에게 화를 내면 어떻게 하나요?

발견하기 14

교육 활동 영역

• 정서 조절

선우는 자꾸 실수로 친구들에게 피해를 주는 상황에서도 스스로 사과하며 감정을 조절하려고 합니다. 준호는 누적된 불편함을 참다가 결국 분노로 폭발하는 모습을 보이며, 감정을 쌓아 두는 것의 위험성을 보여 줍니다. 따라서 감정을 제때 적절하게 표현하고 다루는 방법을 배우는 것이 중요합니다.

• 또래 관계

선우는 의도치 않게 자주 친구들에게 피해를 주며 또래 관계 형성에 어려움을 겪고 있습니다. 친구들은 선우로 인한 반복된 불편함으로 인해 거리감을 느끼고 있습니다. 하지만 유나의 중재와 같은 행동은 갈등 상황에서도 친구 사이를 이해하고 회복하는 계기가 될 수 있습니다.

• 문제 해결

갈등이 생겼을 때 직접적인 대립보다는 중재나 대화를 통해 해결하는 방법을 배울 수 있습니다. 유나가 용기 내어 상황을 멈추고자 한 행동은 문제 상황을 해결로 이끄는 중요한 전환점이 됩니다. 서로의 입장을 이해하고, 실수와 감정을 다루는 방식에 대해 함께 고민하며 해결 방안을 찾는 경험이 됩니다.

숨은 뜻 찾기

기본 언어 학습

▶ 조심성: 일을 할 때 실수하지 않도록 신중하게 행동하는 태도

표현 익히기

▶ 그만해! 선우가 미안하다고 하잖아!: '선우가 미안하다고 한 말'을 언급하면서, 그만하라고 상대를 말리는 상황이다. 앞부분은 상대의 행동을 멈추게 하려는 의도이고, 뒷부분은 선우가 이미 사과했다는 사실을 근거로 든다.

속담

▶ 소 잃고 외양간 고친다: 일이 벌어진 뒤에야 뒤늦게 수습하거나 조심하는 모습을 이르는 말로, 선우가 매번 실수한 뒤에야 사과하고 조심하려 하지만, 이미 친구들이 불안해하고 거리감을 느낀다.

관용어

▶ 눈알을 부라리다: 화가 나서 눈을 부릅뜨고 노려보는 모습을 말한다. 참다 참다 화를 터뜨린 준호가 선우에게 분노를 표출하며 노려본다.

생각을 여는 지도 Tip

조심성이 부족한 친구로 인해 생기는 반복된 갈등과, 그 속에서 조용한 친구가 보여준 용기에 대해 이야기해 보세요. 실수에 대한 이해와 사과, 그리고 친구를 돕는 용기 있는 태도의 가치를 배우는 데 도움이 됩니다.

그림에서 발견하기

그림을 보고 말해요

- 이 친구는 어떤 표정을 짓고 있나요?
- 무슨 일이 있었길래 이런 표정을 지었을까요?
- 이 친구의 몸짓을 보니 어떤 감정이 느껴지나요?
- ○○도 이렇게 긴장되거나 당황했던 적이 있나요?

발견하기 14

교육 활동 영역: 정서 조절, 또래 관계, 문제 해결

년 월 일 요일 이름: ____________

제목:

선우는 친구들에게 무서운 아이예요. 그렇다고 사납거나 폭력적인 건 아니에요. 오히려 착하고 사과도 잘해요. 하지만 행동에 조심성이 없어서 실수가 자주 일어나요. 예를 들어, 얼마 전엔 유나의 발을 밟았고, 지난주에는 물감을 떨어뜨려 준호의 그림을 망가뜨리기도 했어요. 일부러 그런 게 아니지만, 자꾸 피해를 주니까 친구들은 선우를 무섭게 느껴요. 오늘도 선우가 준호의 필통을 떨어뜨렸어요. 준호는 참다 참다 처음으로 크게 화를 냈어요. 그런데 평소 말이 없고 조용한 유나가 갑자기 소리치는 거예요.

"준호야, 그만해! 선우가 미안하다고 하잖아!"

유나가 고함을 지르다니, 아이들은 깜짝 놀랐어요.

발견하기 14

01 • 아이들은 왜 선우를 무섭다고 느낄까요? (　　)

① 폭력적이어서　② 조심성이 없어서　③ 자주 피해를 줘서　④ 기타

02 • 선우는 왜 준호의 필통을 떨어뜨렸을까요? (　　)

① 필통을 못 봐서　② 빨리 가려고 하다가　③ 일부러　④ 기타

03 • 준호는 필통이 떨어졌을 때 왜 화를 냈을까요? (　　)

① 아끼던 필통이라　② 필통 안에 있던 연필심이 부러졌을 것 같아서
③ 그동안 많이 참았어서　④ 원래 화를 잘 내는 성격이라서　⑤ 기타

04 • 너무 뜻밖의 말을 듣거나 예상치 못한 행동을 목격해 믿기 어려운 상황을 표현한 관용어로, 평소 말이 없던 유나가 갑자기 큰소리로 외치자 아이들이 느낀 놀라움에 어울리는 말은 다음 중 어느 것인가요? (　　)

① 귀를 의심하다　② 입을 다물다　③ 코웃음을 치다　④ 눈을 흘기다

05 • 만약 (　　　　)가 준호라면 이제 어떻게 할 것인가요? (　　)

① 계속 선우에게 화를 낸다　② 화내는 것을 멈추고 자리에 앉는다
③ 유나에게 화를 낸다　④ 선생님께 이른다　⑤ 기타

06 • (　　　　)는 실수로 다른 아이에게 피해를 주어 그 아이가 화를 낸다면 어떻게 할 것인가요?

07 • 만약 다른 아이가 (　　　　)에게 피해를 주는 행동을 한다면 어떻게 할 것인가요?

발견하기 15

교육 활동 영역

• 또래 관계

친구에게 물선을 빌려주고 놀려받는 과정은 신뢰와 배려를 바탕으로 한 또래 관계 형성에 중요한 부분입니다. 지우개를 돌려주지 않는 준우와 점점 감정이 상해 가는 지윤이의 모습에서 작은 오해가 갈등으로 번질 수 있음을 알 수 있습니다. 원활한 친구 관계를 위해서는 서로의 입장을 고려하고 약속을 지키는 태도가 필요합니다.

• 정서 조절

지윤이는 처음에는 침착하게 요청했지만, 시간이 지나며 점점 조급하고 화가 난 감정을 표현하게 됩니다. 준우 역시 짜증 섞인 말투로 대응하며 감정을 조절하지 못하는 모습을 보입니다. 감정이 올라오는 상황에서도 차분하게 대화하는 연습을 통해 정서 조절 능력을 길러야 합니다.

• 문제 해결

지우개를 둘러싼 갈등 상황에서 서로의 필요를 이해하고 조율하려는 노력이 부족한 모습입니다. 문제 상황에서는 대화를 통해 타협점을 찾고, 서로의 입장을 고려한 해결 방법을 고민하는 자세가 필요합니다. 그러므로 감정이 격해지기 전, 차분한 대화와 약속 지키기를 통해 갈등을 풀어 나가는 경험이 중요합니다.

숨은 뜻 찾기

기본 언어 학습

▶ 조급하다: 마음이 급하고 여유가 없어 서두르는 상태

▶ 눈살을 찌푸리다: 불쾌하거나 못마땅할 때 눈썹 사이를 좁히며 얼굴을 찡그리는 것

✕ 표현 익히기

▶ 아직 안 끝났단 말이야!: 어떤 일이 끝나지 않았음을 강조하며 다급하거나 억울한 감정을 표현할 때 쓰는 말이다. '~단 말이야'는 이미 말한 사실이나 상황을 강조할 때 사용되며, 속상함이나 답답한 감정이 담겨 있다.

✕ 관용어

▶ 감감무소식이다: 아무 소식이나 반응이 없어 답답한 상태를 말한다. 지윤이가 지우개를 돌려달라고 말한 뒤에도 준우가 계속 쓰고 있는 상황이다.

▶ 애가 타다: 일이 원하는 대로 되지 않아 마음이 몹시 조급하고 불안한 상태로, 시간이 지나도 지우개를 받지 못해 지윤이의 마음이 초조해진다.

생각을 여는 지도 Tip

작은 물건을 빌려주는 상황에서도 갈등이 생길 수 있다는 점을 지윤이와 준우의 입장에서 함께 이야기해 보세요. 물건을 주고받는 예절과 갈등 속에서 감정을 조절하며 소통하는 방법을 익히는 데 도움이 됩니다.

그림에서 발견하기

그림을 보고 말해요

- 한 친구가 다른 친구에게 무엇을 건네주고 있나요?
- ○○도 누군가에게 물건을 빌려준 적이 있나요?
- 친구가 필요할 때 물건을 빌려주는 건 어떤 행동인가요?
- ○○는 친구에게 어떤 것을 빌려 본 적이 있나요?

발견하기 15

교육 활동 영역: 또래 관계, 정서 조절, 문제 해결

년 월 일 요일 이름: ____________

제목: ______________________________

미술 시간이었어요. 지윤이는 고양이를 그리고 있었고, 옆에 앉은 준우는 강아지를 그리고 있었어요.

"지윤아, 지우개 좀 빌려줘."

"응, 여기!"

지윤이는 지우개를 준우에게 건네주었어요. 준우는 지우개를 받아서 그림을 고치기 시작했어요. 그런데 시간이 꽤 지나도 준우는 지우개를 돌려주지 않았어요. 지윤이는 준우를 바라보며 물었어요.

"준우야, 지우개 언제 돌려줄 거야? 나도 써야 해."

준우는 고개도 들지 않은 채 대답했어요.

"좀만 더 쓰고 줄게!"

하지만 준우는 계속 지우개를 손에 쥐고 있었고 지윤이는 점점 조급해졌어요.

"야, 지우개 빨리 돌려줘!"

지윤이가 화난 목소리로 말했어요. 그러자 준우도 눈살을 찌푸리며 "아직 안 끝났단 말이야! 기다려!"라고 소리쳤어요.

발견하기 15

01 · 지윤이와 준우는 무엇을 그리고 있었나요? (　　)

① 인물화　② 동물화　③ 풍경화　④ 정물화

02 · 준우는 지우개를 빌린 후 무엇을 했나요? (　　)

① 그림을 고쳤다　② 종이에 이름을 썼다
③ 그림을 새로 그렸다　④ 지우개로 장난을 쳤다

03 · 어떤 일이 마음대로 되지 않거나 답답하고 조급한 상황에서 느끼는 불안하고 안타까운 마음을 표현한 관용어로, 지우개를 돌려받지 못해 점점 초조해지는 지윤이의 감정에 어울리는 말은 다음 중 어느 것인가요? (　　)

① 애가 타다　② 입이 짧다　③ 손을 놓다　④ 귀를 기울이다

04 · 준우는 왜 지우개를 빨리 돌려주지 않나요? (　　)

① 돌려주면 다시 안 빌려줄 것 같아서　② 그림을 다 그리고 돌려주려고
③ 그림을 잘못 그리면 그때 또 지우려고　④ 돌려주기 싫어서

05 · 지윤이가 화난 이유는 무엇인가요?

06 · 이 이야기에서 두 친구는 어떤 감정을 느끼고 있나요? (　　)

① 지윤이는 즐겁고 준우는 화가 난다　② 둘 다 화가 난다
③ 준우는 즐겁고 지윤이는 화가 난다　④ 둘 다 즐겁다

07 · (　　　　)는 만약 친구가 빌려 간 물건을 빨리 돌려주지 않으면 어떻게 하나요?

발견하기 16

교육 활동 영역

• 또래 관계

친구들 사이에서 소유물과 관련된 오해는 쉽게 갈등으로 이어질 수 있습니다. 세영이와 화빈이의 상황은 신뢰와 배려가 친구 관계에 얼마나 중요한지를 잘 보여 줍니다. 오해가 생겼을 때는 서로의 말을 듣고 사실을 확인하는 태도가 건강한 또래 관계 유지에 필요합니다.

• 사회 규칙

남의 물건을 허락 없이 가져가거나 사용하는 것은 기본적인 사회 규칙에 어긋나는 행동입니다. 더불어 물건을 주웠을 때는 주인을 찾아주는 것이 올바른 태도임을 배울 수 있습니다. 이러한 모든 과정을 통해 타인의 소유를 존중하고 공공장소에서 지켜야 할 예절을 익히는 소중한 계기를 마련할 수 있습니다.

• 문제 해결

물건을 둘러싼 갈등에서 서로의 입장을 듣고, 오해를 풀 수 있는 대화가 필요합니다. 이 과정에서 감정적인 표현보다는 사실을 바탕으로 상황을 정리하고 해결책을 찾는 경험이 중요한데요. 궁극적으로는 친구 사이에서 문제가 생겼을 때 어떻게 대응하고 소통해야 하는지를 깨닫는 기회가 됩니다.

숨은 뜻 찾기

기본 언어 학습

▶ 쑤군거리다: 여러 사람이 작은 목소리로 수군거리며 말을 주고받는 것

속담

▶ 가루는 칠수록 고와지고, 말은 할수록 거칠어진다: 말을 계속할수록 점점 더 거칠어지고 다툼으로 번지기 쉽다. 아이들이 추궁하는 말이 이어지며 오해와 갈등이 커질 수 있다.

관용어

▶ 지레짐작하다: 분명히 확인하지 않고 미리 짐작하여 단정 짓는 태도를 의미한다. 아이들이 상황을 정확히 알지 못한 채 세영이를 도둑으로 몰아간다.

생각을 여는 지도 Tip

주운 물건을 자신의 것으로 착각하거나 욕심낼 수 있는 상황에 대해 이야기해 보세요. 물건을 주웠을 때는 어른에게 알리는 것이 바람직하다는 점, 오해가 생겼을 때는 서로의 말을 차분히 듣고 상황을 이해하려는 태도가 필요하다는 점을 함께 나누어 보세요. 정직하고 배려하는 태도를 기르는 데 도움이 됩니다.

그림에서 발견하기

그림을 보고 말해요

- 복도에 무엇이 떨어져 있나요?
- 왜 여기 혼자 떨어져 있게 되었을까요?
- ○○도 소중한 물건을 잃어버린 적이 있나요?
- 이 물건을 주웠다면 어떻게 해야 할까요?

발견하기 16

교육 활동 영역: 또래 관계, 사회 규칙, 문제 해결

년 월 일 요일 이름: ____________

제목:

세영이가 교실로 걸어가는데 복도에 하츄핑 인형 열쇠고리가 떨어져 있었어요. 얼른 주워서 가방에 걸었어요. 세영이는 하츄핑 인형이 예뻐서 몇 번이나 만져 봤어요. 수업 시간에도 눈은 선생님을 보면서 손으로는 인형을 만지작거리곤 했죠.

점심시간에 급식을 먹고 교실로 돌아왔어요. 그런데 세영이 책상 주변에 수아와 예지, 화빈이가 서 있었어요. 세영이를 보고 아이들이 쑤군거렸어요.

"세영이 왔다." "도둑이 왔네!"

세영이는 당황한 표정으로 "왜 그래?" 하고 물었어요.

"네가 내 하츄핑 열쇠고리 훔쳐 갔지? 이거 아빠가 내 생일선물로 사 주신 거야. 돌려줘!"

화빈이가 세영이 가방에 매달려 있는 하츄핑 열쇠고리를 가리키며 말했어요.

발견하기 16

01 · 세영이는 왜 복도에서 주운 열쇠고리를 가방에 달았을까요? (　　)

① 너무 예뻐서　② 누구의 것인지 몰라서　③ 갖고 싶어서
④ 주인이 없는 줄 알고　⑤ 기타

02 · 하츄핑 열쇠고리가 왜 복도에 떨어져 있었을까요? (　　)

① 화빈이가 거기에 둬서　② 화빈이 가방에서 떨어져서
③ 누가 몰래 갖다 둬서　④ 다른 아이 것인데 거기 떨어져서　⑤ 기타

03 · 아이들은 왜 열쇠고리를 세영이가 훔쳤다고 생각했을까요? (　　)

① 세영이가 가지고 있어서
② 원래 주인공이 남의 물건을 잘 훔쳐서
③ 세영이가 복도에서 열쇠고리 줍는 것을 못 봐서
④ 기타

04 · 세영이는 화빈이의 열쇠고리를 훔쳤나요? (　　)

① 예　② 아니요　③ 기타

05 · 세영이는 이제 어떻게 해야 할까요? (　　)

① 내 것이라고 말하고 돌려주지 않는다　② 화빈이에게 돌려준다
③ 복도에서 주운 것이라고 말한다　④ 기타

06 · 어떤 일의 정확한 상황이나 사실을 확인하지 않고 스스로 짐작하여 판단하는 태도를 표현한 관용어로, 열쇠고리를 보고 바로 세영이를 도둑이라고 단정 지은 아이들에게 어울리는 말은 다음 중 어느 것인가요? (　　)

① 손사래를 치다　② 눈을 붙이다　③ 말을 돌리다　④ 지레짐작하다

07 · 다른 아이가 (　　)의 물건을 가지고 있으면 가장 먼저 어떻게 할 것인가요? (　　)

① 내 것이라고 돌려달라고 말한다　② 어디서 난 것인지 묻는다
③ 선생님께 이른다　④ 도둑이라고 비난한다　⑤ 기타

발견하기 17

교육 활동 영역

• 정서 조절

세영이는 억울하고 당황스러운 상황에서 감정을 억누르며 자기 입장을 말하려고 합니다. 누군가 자신을 오해하고 몰아세울 때 생기는 분노, 서운함 같은 감정을 인식하고 조절하는 능력이 필요합니다. 따라서 감정이 격해지는 상황에서도 침착하게 대응하려는 태도를 통해 정서 조절 능력을 기를 수 있습니다.

• 사회 규칙

남의 물건을 허락 없이 사용하는 것은 사회적 규칙에 어긋나는 행동임을 배울 수 있습니다. 또한 누군가를 '범인'이라고 단정 짓고 몰아가는 태도 역시 옳지 않다는 것을 이해해야 합니다. 이 이야기를 통해 개인의 소유물에 대한 존중과, 문제 상황에서 책임 있는 말과 행동이 중요함을 인식할 수 있습니다.

• 문제 해결

열쇠고리 분실로 인한 갈등 상황에서 서로의 입장을 듣고 사실을 확인하는 과정이 필요합니다. 오해가 생겼을 때는 감정적으로 대응하기보다 차분하게 상황을 정리하고 해결하려는 태도를 길러야 합니다. 이처럼 갈등을 대화와 사실 확인을 통해 해결해 나가는 경험이 문제 해결 능력을 키워 줍니다.

숨은 뜻 찾기

기본 언어 학습

▶ 덧붙이다: 말이나 글을 이어서 추가로 더하는 것

▶ 범인: 잘못이나 나쁜 일을 한 사람

속담

▶ 발 없는 말이 천 리 간다: 말은 금방 멀리 퍼지므로 조심해야 한다는 뜻으로, 예지가 "범인은 세영이였네."라고 한 말이 다른 친구들에게 빠르게 퍼지며 세영이를 곤란하게 만든다.

관용어

▶ 속단은 금물이다: 충분히 확인하지 않고 선불리 판단하면 안 된다는 의미다. 상황을 정확히 알지 못한 채 세영이를 범인으로 몰아간 아이들의 성급한 판단을 경계한다.

생각을 여는 지도 Tip

물건이 사라졌을 때 생기는 오해와 그로 인한 감정에 대해 이야기해 보세요. 친구 사이에 신뢰를 지키기 위해서는 말과 행동에 신중해야 하며, 누군가를 의심하기 전에는 사실을 확인하려는 태도가 중요하다는 점을 함께 나누어 보세요. 이를 통해 감정을 조절하고 상황을 바르게 해결하는 힘을 기를 수 있습니다.

그림에서 발견하기

그림을 보고 말해요

- 이 친구는 어떤 표정을 짓고 있나요?
- 왜 여러 사람에게 손가락질을 받고 있을까요?
- 손가락질을 당하는 기분은 어떨까요?
- ○○도 억울했던 적이 있나요? 그때 어땠나요?

발견하기 17

교육 활동 영역: 정서 조절, 사회 규칙, 문제 해결

년 월 일 요일 이름: ____________

제목:

"이거 봐! 우리 아빠가 생일선물로 사 주셨어."

화빈이는 하츄핑 열쇠고리를 보여 주었어요.

"와! 진짜 귀엽다." 수아가 말했어요.

"눈이 반짝거려! 완전 이쁘다. 나도 엄마한테 사 달라고 해야겠다."라고 예지가 덧붙였어요.

4교시가 끝난 뒤 화빈이는 하츄핑 열쇠고리가 사라진 것을 알게 되었어요. 급식을 빨리 먹고 교실로 돌아온 화빈이는 수아와 예지와 함께 열쇠고리를 찾기 시작했어요. 교실 여기저기를 찾던 중 세영이의 가방에 열쇠고리가 매달려 있는 것을 보고 예지가 외쳤어요.

"앗! 범인은 세영이였네."

그때 세영이가 교실로 들어왔어요. 화빈이가 열쇠고리를 돌려달라고 하자 세영이는 입술에 힘을 주어 소리쳤어요.

"아니야! 이건 내 거야!"

발견하기 17

01 · 화빈이는 언제 열쇠고리가 없어진 것을 알았나요? (　　)

① 아침 등교할 때　　② 급식을 먹은 뒤
③ 급식을 먹기 전　　④ 하교할 때

02 · 화빈이는 왜 하츄핑 열쇠고리를 소중하게 여겼나요?

03 · 잘못한 일을 알고 있으면서도 모르는 체하거나 아닌 척하는 태도를 표현한 관용어로, 세영이가 화빈이의 열쇠고리를 자기 것이라고 주장한 상황과 어울리는 말은 다음 중 어느 것인가요? (　　)

① 시치미 떼다　② 혀를 차다　③ 눈을 흘기다　④ 입을 모으다

04 · 열쇠고리가 발견된 곳은 어디였나요? (　　)

① 수아의 책상 위　② 예지의 필통 속　③ 세영이의 가방　④ 복도

05 · 열쇠고리를 발견하고 예지는 무엇이라고 외쳤나요? (　　)

① "범인은 세영이였네."　　② "와, 내가 찾았어!"
③ "화빈아, 여기 있었어."　　④ "그냥 새로 사자."

06 · 세영이는 열쇠고리에 대해 어떻게 말했나요? (　　)

① "돌려줄게."　　② "이건 내 거야!"
③ "몰라, 본 적 없어."　　④ "다음에 줄게."

07 · (　　　　)가 선생님이라면 세영이에게 어떻게 말하고 싶나요?

발견하기 18

교육 활동 영역

• 가족 관계

시우는 가족과 함께 시간을 보내고 싶지만, 엄마와 아빠, 형 모두 각자의 일에 집중하느라 시우의 마음을 충분히 돌보지 못합니다. 이런 상황은 가족 간의 소통 부족과 정서적 거리감을 보여 줍니다. 가족 구성원 간의 관심과 따뜻한 상호작용이 긍정적인 관계 형성에 중요함을 알 수 있습니다.

• 정서 조절

시우는 관심받지 못하고 거절당하는 경험을 연이어 겪으며 실망과 외로움을 느낍니다. 속상한 감정을 직접 표현하기보다는 조용히 받아들이는 모습에서 감정 조절의 어려움이 드러납니다. 감정을 알아차리고 건강하게 표현할 수 있는 방법을 배우는 것이 필요합니다.

• 공감 능력

가족 구성원들이 시우의 감정에 공감하고 반응해 주었다면, 시우는 덜 외롭고 더 안정감을 느꼈을 것입니다. 상대의 입장에서 생각하고, 작은 관심이나 따뜻한 말 한마디로 마음을 헤아리는 공감적 태도가 필요합니다. 서로의 감정을 이해하고 존중하는 태도는 가족 안에서 더욱 깊은 유대감을 만들어 줍니다.

숨은 뜻 찾기

표현 익히기

▶ 그냥 보기만 했어!: 어떤 일에 직접 참여하지 않고 보기만 했다고 말할 때 쓰는 표

현으로, 오해를 풀거나 꾸중을 피하려고, 자신은 가만히 있었다는 점을 강조할 때 사용한다.

× 속담

▶ 제 코가 석 자: 자기 사정이 너무 급해서 남을 돌볼 여유가 없다는 표현이다. 엄마와 아빠가 각자 바쁜 일에 집중하느라 시우의 말을 제대로 들어 줄 여유가 없다.

× 관용어

▶ 본체만체하다: 보고도 못 본 체하거나 무시하는 태도로, 시우가 말을 걸어도 부모님은 눈길조차 주지 않고 무심하게 대한다.

× 명언

▶ 가장 큰 고통은 소외되는 것이다: 시우가 가족 누구에게도 관심을 받지 못하고 외면당하며 느끼는 외로움과 슬픔을 잘 보여 준다.

생각을 여는 지도 Tip

시우의 입장에서 느꼈을 외로움과 소외감을 함께 이야기해 보세요. 가족 간의 관심과 소통의 중요성을 나누며, 정서적 유대와 따뜻하게 반응하는 태도를 기르는 데 도움이 됩니다.

그림에서 발견하기

그림을 보고 말해요

- 이 친구는 지금 어디에 있나요?
- 왜 혼자 이렇게 서 있을까요?
- 혼자 있을 때 무섭거나 외로웠던 적이 있나요?
- 이럴 때 누가 있으면 좋겠다고 느껴졌나요?

발견하기 18

교육 활동 영역: 가족 관계, 정서 조절, 공감 능력

년 월 일 요일 이름: ____________

제목: ________________________________

시우는 주방으로 갔어요.

"엄마, 나 심심해."

엄마는 시우를 쳐다보지도 않고 말했어요.

"엄마 지금 설거지 중이야. 형이랑 놀아."

시우는 살그머니 형의 방문을 열고 들어갔어요. 선우는 방에서 레고로 우주선을 만들고 있었어요. 시우가 손을 뻗자, 선우가 소리쳤어요.

"야! 건드리지 마!"

시우는 풀이 죽은 목소리로 중얼거렸어요.

"그냥 보기만 했어!"

선우는 시우를 방에서 쫓아냈어요. 시우는 컴퓨터 앞에 앉은 아빠에게로 갔어요.

"아빠, 나도 같이 게임하면 안 돼?"

아빠는 시우에게 눈길도 주지 않고 말했어요.

"아빠 지금 중요한 일하고 있어. 다른 데 가서 놀아."

발견하기 18

01 · 시우는 왜 형의 우주선으로 손을 뻗었나요? (　　)

① 형이 만든 것을 망가뜨리려고　② 자기도 만들고 싶어서
③ 어떻게 만들었는지 보려고　④ 무엇을 만들었는지 궁금해서　⑤ 기타

02 · 선우는 시우를 왜 방에서 쫓아냈나요? (　　)

① 시우가 싫어서　② 혼자 우주선을 만들고 싶어서
③ 시우가 우주선을 망가뜨릴까 봐　④ 시우가 귀찮아서　⑤ 기타

03 · 옆에 있는 사람이나 어떤 상황을 알고도 모르는 척하거나 관심 없는 듯 행동하는 모습을 표현한 관용어로, 시우가 말을 걸었지만 엄마와 아빠가 무심하게 반응한 상황에 어울리는 말은 다음 중 어느 것인가요? (　　)

① 기를 쓰다　② 본체만체하다　③ 손이 크다　④ 말문이 막히다

04 · 풀이 죽은 목소리는 어떤 목소리인가요? (　　)

① 작은 목소리　② 큰 목소리　③ 활기찬 목소리
④ 기운이 빠진 목소리　⑤ 기타

05 · 시우는 이제 어떻게 하면 좋을까요? (　　)

① 텔레비전을 본다　② 장난감을 가지고 논다　③ 컴퓨터를 한다
④ 놀이터로 나간다　⑤ 기타

06 · (　　　)는 집에서 주로 누구랑 놀아요?

07 · 집에서 같이 놀 사람이 없을 때 (　　　)는 무엇을 하나요?

발견하기 19

교육 활동 영역

• 또래 관계

친구들과 함께 걷고 이야기 나누며 자연스럽게 관계를 형성하고 친밀감을 쌓는 모습을 볼 수 있습니다. 공통된 관심사나 상상을 공유하며 관계가 가까워지는 과정을 보여줍니다. 하지만 다른 생각이나 반응이 등장할 때 관계에 균열이 생기기도 하며, 이를 어떻게 다루는지가 중요합니다.

• 자아 존중감

산타를 믿는다는 자신의 생각을 자연스럽게 표현하고, 그에 대해 부정적인 반응이 왔을 때도 자신을 긍정적으로 받아들이는 태도가 중요합니다. 자신이 좋아하고 믿는 것을 솔직하게 말하는 경험은 자아를 존중하고 표현하는 데 도움이 됩니다. 남과 다른 의견이나 믿음을 가졌더라도 스스로를 당당하게 받아들이는 힘을 기를 수 있습니다.

• 공감 능력

화빈이가 다른 생각을 말했을 때, 친구들이 그 차이를 어떻게 받아들이고 반응하는지가 공감 능력과 관련됩니다. 누군가의 말이나 믿음이 다르더라도 상대의 입장을 이해하고 존중하는 태도가 필요합니다. 친구의 감정이나 생각에 귀 기울이며 배려하는 경험을 통해 공감 능력을 기를 수 있습니다.

숨은 뜻 찾기

표현 익히기

▶ 너희들 진짜 ~가 있다고 믿는 거야?: 상대의 말을 믿기 어려워하며 되묻는 표현

이다. 의심, 놀라운 감정을 담아 상대의 생각이나 믿음을 확인할 때 사용한다(화빈이는 산타 할아버지가 없다고 믿는다는 것을 뜻함).

✕ 속담

▶ 제 눈에 안경: 사람은 각자 자기 기준에 따라 좋고 나쁨을 판단하다. 산타를 믿는 윤서와 주아, 믿지 않는 화빈이의 생각은 다르지만, 각자에게는 그 믿음이 소중하고 자연스러운 것이다.

✕ 명언

▶ 차이는 우리를 나누는 것이 아니라, 우리를 풍요롭게 한다: 서로 다른 생각이나 관점이 어울릴 때 더 넓고 깊은 이해와 성장이 가능하다. 산타에 대한 믿음이 서로 달랐지만, 그 차이를 존중하며 대화를 이어 가는 모습이 중요하다.

생각을 여는 지도 Tip

각자의 믿음과 기대가 다를 수 있다는 점을 함께 이야기해 보세요. 상상의 즐거움을 존중하고, 생각이 달라도 서로를 배려하며 소통하는 태도를 기르는 데 도움이 됩니다.

그림에서 발견하기

그림을 보고 말해요

- 어떤 날에 이 사람이 온다고 하나요?
- ○○는 산타에게 선물을 받아 본 적이 있나요?
- 산타 할아버지에게 어떤 선물을 받고 싶나요?
- ○○는 산타처럼 누구에게 선물을 주고 싶은 적이 있나요?

발견하기 19

교육 활동 영역: 또래 관계, 자아 존중감, 공감 능력

년 월 일 요일 이름: ____________

제목: ______________________

"나도 같이 가."

윤서와 주아가 걸어가는데 화빈이가 뛰어왔어요.

"화빈아, 너는 이번 크리스마스에 어떤 선물 받고 싶어?"

윤서가 물었어요.

"난 엄마한테 털 부츠 사 달라고 할 거야."

화빈이가 대답했어요.

"아니, 산타 할아버지한테 받고 싶은 선물 말이야. 난 지난번에 본 고양이 필통을 받고 싶다고 편지 쓰려고 해."

주아가 말했어요. 그러자 윤서도 웃으며 덧붙였어요.

"난 겨울왕국 스티커북!"

그러자 화빈이는 놀란 듯 소리쳤어요.

"너희 진짜 산타 할아버지가 있다고 믿는 거야?"

발견하기 19

01 • 윤서와 주아가 걸어가고 있을 때, 누가 뛰어왔나요? (   )

① 주아 ② 윤서 ③ 화빈 ④ 산타 할아버지

02 • 윤서는 화빈이에게 무엇을 물어봤나요? (   )

① "어디 가니?"
② "이번 크리스마스에 무슨 선물 받고 싶어?"
③ "산타 할아버지는 어디 계셔?"
④ "너희 뭐 하고 있어?"

03 • 사람마다 생김새도 다르고 생각이나 취향도 모두 다르다는 뜻의 사자성어로, 크리스마스 선물에 대해 각자 다른 기대와 믿음을 가진 아이들의 모습에 어울리는 말은 다음 중 어느 것인가요? (   )

① 백인백색 ② 작심삼일 ③ 일석이조 ④ 전화위복

04 • 주아는 산타 할아버지에게 선물을 어떻게 받을 계획인가요? (   )

① 편지를 쓸 거예요
② 전화할 거예요
③ 직접 만나러 갈 거예요
④ 아무 말도 하지 않고 기다릴 거예요
⑤ 기타

05 • 화빈이는 선물을 누구에게 받으려고 하나요? (   )

① 산타 할아버지 ② 윤서 ③ 주아 ④ 엄마 ⑤ 기타

06 • (   )는 크리스마스 선물로 누구에게 무엇을 받고 싶나요?

07 • 화빈이는 산타 할아버지가 있다고 생각하나요, 없다고 생각하나요?

발견하기 20

교육 활동 영역

• 또래 관계

새로운 환경에서 친구를 사귀고 관계를 형성하는 과정은 아이들에게 중요한 사회적 경험입니다. 그런데 태훈이는 첫 만남에서 차가운 반응을 경험하며 또래 관계에서 어려움을 겪습니다.

• 문제 해결

태훈이는 갈등 상황이나 어색한 만남 속에서도 상황을 개선할 수 있는 방법을 찾는 능력이 필요합니다. 대화를 시도하거나 도움을 요청하는 등 능동적으로 문제를 해결하는 태도를 배울 수 있습니다.

• 자아 존중감

처음부터 부정적인 반응을 받으면 자신이 환영받지 못한다고 느끼기 쉽고, 자존감에 영향을 줄 수 있습니다. 하지만 이런 상황에서도 자신을 소중히 여기고 위축되지 않는 태도를 기르는 것이 중요합니다.

숨은 뜻 찾기

기본 언어 학습

▶ 낯설다: 전에 본 적이 없거나 익숙하지 않아서 어색한 느낌이 드는 것

▶ 예감: 어떤 일이 일어날 것 같은 느낌이나 짐작

속담

▶ 까닭 없는 무덤 없다: 어떤 일이 생겼을 때는 반드시 그럴 만한 이유가 있다. 여자

아이가 태훈이에게 차갑게 구는 데는 겉으로 보이지 않는 이유나 사연이 있을 수도 있다.

관용어

- 선을 긋다: 관계를 맺지 않으려는 태도나 거리를 두는 행동으로, 여자아이가 책상을 옆으로 당기며 태훈이와의 관계를 단호히 차단하려는 모습을 보인다.
- 괜한 트집을 잡다: 특별한 이유 없이 억지로 잘못을 찾아 시비를 거는 행동으로, 태훈이가 아무 말도 하지 않았음에도 여자아이가 먼저 차갑게 대하며 거리를 두는 모습에서 느껴진다.
- 미운털이 박히다: 처음부터 이유 없이 미움을 사거나 싫은 인상을 주게 된 상황이다. 태훈이는 잘못한 것이 없지만, 첫인상에서 이미 여자아이에게 거부당하며 학교생활이 걱정되는 마음을 갖게 된다.

생각을 여는 지도 Tip

새로운 환경에서 겪는 긴장과 차가운 반응에 대해 태훈이가 느꼈을 감정을 이야기해 보세요. 또한 낯선 친구를 따뜻하게 맞이하는 태도와 말할 때 지켜야 할 예절에 대해 생각해 보는 과정은 아이의 공감 능력과 의사소통 능력을 기르는 데 도움이 됩니다.

그림에서 발견하기

그림을 보고 말해요

- 이 아이는 어떤 표정을 짓고 있나요?
- 이 아이는 어떤 기분일 것 같나요?
- 뒤에 앉은 친구들은 어떤 표정을 하고 있나요?
- 이 아이는 무슨 생각을 하고 있을까요?

발견하기 20

교육 활동 영역: 또래 관계, 문제 해결, 자아 존중감

년 월 일 요일 이름: ____________

제목: ____________

"오늘 우리 반에 새로운 친구가 왔어요! 이름은 김태훈이에요. 앞으로 잘 지내도록 도와주세요."

소개를 마치고 태훈이는 자리에 앉았지만, 낯선 교실에서 긴장되고 어색한 마음에 아무 생각도 나지 않았어요. 1교시가 끝난 후, 옆자리에 앉은 아이를 쳐다봤어요. 분홍색 머리띠를 하고, 하늘색 원피스를 입은 여자아이였어요. 그런데 태훈이와 눈이 마주치자, 그 아이는 갑자기 책상을 옆으로 당기며 차갑게 말했어요.

"야! 너 가까이 오지 마!"

태훈이는 깜짝 놀라 아무 말도 하지 못하고, 그저 고개만 끄덕였어요. 그 순간, 앞으로의 학교생활이 힘들 것 같다는 예감이 들었어요.

발견하기 20

01 · 태훈이에게 오늘은 어떤 날인가요? (   )

① 시험 보는 날 ② 전학 온 날 ③ 친구 만나는 날 ④ 소풍 가는 날

02 · 태훈이는 언제 옆자리 아이를 처음 쳐다보았나요? (   )

① 자리에 앉기 전에 ② 첫 교시가 시작되기 전에

③ 첫 교시가 끝난 후 ④ 점심시간에

03 · 옆자리 아이는 어떤 옷차림을 하고 있었나요?

04 · 다른 사람과 가까워지지 않으려는 태도나 관계를 분명히 구분하려는 행동을 표현한 관용어로, 처음 만난 태훈이에게 차갑게 말하며 거리를 두는 여자아이의 행동에 어울리는 말은 다음 중 어느 것인가요? (   )

① 물불을 가리지 않다 ② 말꼬리를 흐리다 ③ 선을 긋다 ④ 바가지를 긁다

05 · 태훈이는 옆자리 아이가 책상을 당기는 것을 보고 어떤 느낌을 받았을까요? (   )

① 학교생활이 재미있을 것 같다고 느꼈다 ② 옆자리의 아이가 무섭다고 느꼈다

③ 옆자리의 아이가 불친절하다고 느꼈다 ④ 앞으로 학교생활이 힘들 것 같다고 느꼈다

⑤ 기타

06 · 옆자리에 앉은 아이는 태훈이에게 어떻게 말했나요?

07 · (   )의 옆에는 어떤 친구가 앉아 있나요?

발견하기 21

교육 활동 영역

• 가족 관계

세영이는 가족 내에서 동생에게만 집중되는 관심과 편애로 인해 소외감을 느끼고 있습니다. 부모님과 조부모의 차별적인 태도는 세영이의 가족 내 자존감과 유대감에 부정적인 영향을 줄 수 있습니다. 가족 구성원 간의 공평한 관심과 정서적 지지가 건강한 가족 관계 형성에 중요함을 보여 줍니다.

• 또래 관계

가정에서의 감정이 학교생활에까지 영향을 미쳐 세영이는 전학 온 태훈이에게 이유 없이 거리를 두게 됩니다. 첫 만남에서 부정적인 태도로 대하게 되면 또래 관계 형성에 어려움이 생길 수 있습니다. 따라서 새로운 친구를 열린 마음으로 받아들이고 공정하게 대하는 태도가 필요합니다.

• 정서 조절

세영이는 억울함과 스트레스로 인해 감정을 제대로 다루지 못하고, 그 감정을 태훈이에게 투사하고 있습니다. 감정이 격해질 때 이를 인식하고, 조절하는 능력이 중요합니다. 이렇게 감정을 건강하게 표현하고 조절함으로써 자신과 주변 사람 모두를 편안하게 할 수 있습니다.

숨은 뜻 찾기

기본 언어 학습

▶ 건성으로: 마음을 담지 않고 대충 하는 태도

▶ 뻘쭘하다: 어색하거나 민망해서 머쓱한 느낌이 드는 것

속담

▶ 화난 김에 돌부리 찬다: 화가 난 이유는 다른 데 있는데, 엉뚱한 곳에 화풀이하다. 세영이는 집에서 받은 스트레스를 전혀 상관없는 태훈이에게 쏟아 낸다.

관용어

▶ 콧방귀를 뀌다: 무시하거나 비웃는 태도로 반응하다. 세훈이는 세영이의 말에 늘 콧방귀를 뀌며 무시하는 태도를 보인다.

▶ 애먼 사람 잡다: 아무 잘못 없는 사람을 오해하거나 억울하게 만드는 일을 나타내는 표현으로, 태훈이는 세훈이와 닮았다는 이유만으로 세영이에게 미움을 사게 된다.

생각을 여는 지도 Tip

가족 안에서 느끼는 서운한 감정이 다른 사람에게 어떻게 이어질 수 있는지 이야기해 보세요. 상황을 정확히 인식하고 자신의 감정을 적절하게 표현하는 연습은 아이의 상황 인지 능력과 자아 존중감을 기르는 데 도움이 됩니다.

그림에서 발견하기

그림을 보고 말해요

- 이 그림에는 누가 함께 있나요?
- 모두 어떤 표정을 짓고 있나요?
- 이 아이는 어떤 기분일까요? 왜 그렇게 느낄까요?
- 사랑하는 사람에게 어떤 말을 해 주고 싶나요?

발견하기 21

교육 활동 영역: 가족 관계, 또래 관계, 정서 조절

년 월 일 요일 이름: ____________

제목:

세영이보다 두 살 어린 남동생 세훈이는 정말 얄미운 존재예요. 누나인 세영이를 무시하고, 세영이 말은 콧방귀도 뀌지 않아요. 그런데도 엄마, 아빠는 늘 세훈이 편만 들고, 큰집의 할머니, 할아버지도 세훈이만 귀여워하죠. 세영이가 인사를 하면 건성으로 받으시다가, 세훈이가 인사하면 난리가 나요.

"우리 왕자님 왔니?" "배고프지 않니?" "키가 컸네."

그런 모습을 볼 때마다 세영이는 매번 삘쭘해졌어요.

그런데 오늘 세훈이와 닮은 아이가 전학을 왔어요. 이름도 비슷한 태훈이랍니다. 집에서는 세훈이 때문에 스트레스를 받는데 학교에서는 태훈이 때문에 스트레스 받을 걸 생각하니 세영이는 앞이 깜깜했어요. 하필 선생님은 태훈이를 세영이 옆자리에 앉혔고, 세영이는 화가 나서 가까이 오지 말라고 했어요.

발견하기 21

01 · 세훈이가 얄미운 이유는 무엇인가요? (　　)

① 세훈이가 말을 듣지 않아서　② 세훈이가 세영이를 자주 괴롭혀서
③ 가족과 친척들이 세훈이를 더 좋아하는 것 같아서　④ 세훈이가 동생이라서
⑤ 기타

02 · 태훈이가 전학 온 날, 세영이의 기분은 어땠을까요? (　　)

① 설레었다　② 신이 났다　③ 무서웠다　④ 앞이 깜깜했다　⑤ 기타

03 · 세영이가 태훈이에게 화가 나서 한 행동은 무엇인가요? (　　)

① 태훈이와 말싸움을 했다　② 자리를 바꿔 달라고 선생님께 요청했다
③ 가까이 오지 말라고 했다　④ 태훈이에게 화를 냈다　⑤ 기타

04 · 세영이가 태훈이를 보고 화가 난 이유는 무엇일까요? (　　)

① 태훈이가 세훈이와 이름이 같아서　② 태훈이와 세훈이가 외모가 닮아서
③ 태훈이와 세훈이가 분위기가 닮아서　④ 세영이가 세훈이를 싫어해서
⑤ 기타

05 · 화가 난 원인과는 관계없는 사람에게 화풀이하거나 잘못된 감정을 쏟는 상황을 비유적으로 표현한 속담으로, 동생 세훈이 때문에 속상한 마음을 전학 온 태훈이에게 드러낸 세영이의 행동에 어울리는 말은 다음 중 어느 것인가요? (　　)

① 빈 수레가 요란하다　② 고래 싸움에 새우 등 터진다
③ 돌다리도 두들겨 보고 건넌다　④ 화난 김에 돌부리 찬다

06 · (　　　)는 가족과 닮은 사람을 본 적이 있나요?

07 · 세영이가 세훈이와 태훈이를 보고 느낀 감정의 공통점은 무엇일까요? (　　)

① 둘 다 즐겁다　② 둘 다 화가 난다　③ 둘 다 기분 나쁘다
④ 둘 다 짜증 난다　⑤ 기타

발견하기 22

교육 활동 영역

• 또래 관계

친구들과 함께하는 활동 속에서는 자연스럽게 비교가 이루어집니다. 이로 인해 화빈이의 발표 이후 지아는 위축감을 느끼며 자신감을 잃게 됩니다. 따라서 또래 속에서 자신을 긍정적으로 받아들이고 비교보다는 자신만의 장점에 집중하는 태도를 기르는 것이 중요합니다.

• 정서 조절

지아는 그림에 대한 자신감이 줄어들면서 속상한 감정을 느끼고, 이를 감추기 위해 거짓말을 하게 됩니다. 부끄러움과 위축 같은 감정을 인식하고, 솔직하게 표현하거나 스스로를 다독이는 방식으로 조절하는 능력이 필요합니다.

• 문제 해결

지아는 문제 상황에서 회피보다는 자신감을 회복하거나 도움을 요청하며 해결하는 태도가 필요합니다. 스스로의 문제를 인식하고 긍정적인 방식으로 풀어 나가는 연습을 통해 해결 능력을 기를 수 있습니다.

숨은 뜻 찾기

× 기본 언어 학습

▶ 품종: 동물이나 식물의 같은 종류 안에서 특별한 특성을 지닌 갈래

▶ 섬세하다: 매우 세밀하고 정교하게 표현하거나 다루는 것

▶ 카랑카랑하다: 소리가 맑고 날카롭게 울리는 것

속담

▶ 남의 떡이 더 커 보인다: 남의 것이 더 좋아 보이고 부러워지는 마음으로, 지아는 화빈이의 강아지 그림이 더 멋져 보여 자신의 그림이 초라하게 느껴진다.

관용어

▶ 주눅 들다: 기가 꺾여 위축되고 자신감을 잃는 모습으로, 화빈이의 멋진 발표를 보고 지아는 점점 자신감을 잃고 움츠러든다.

▶ 기가 죽다: 자신감이 없어지고 기운이 빠진 상태를 뜻한다. 친구들의 박수를 받은 화빈이와 달리, 지아는 발표를 앞두고 기가 죽어 거짓말까지 하게 된다.

명언

▶ 꽃은 남과 비교하지 않고 그저 피어날 뿐이다: 자신만의 방식으로 피어나는 것이 가장 자연스럽고 아름답다는 뜻으로, 지아도 다른 사람과 비교하지 않고 자신이 좋아하는 것을 당당하게 표현했더라면 좋았을 상황이다.

생각을 여는 지도 Tip

비교로 인해 생긴 위축감과 낮은 자존감에 대해 함께 이야기해 보세요. 자신만의 표현을 존중하고, 비교보다 개성과 노력을 인정하는 태도는 자아 존중감 향상에 도움이 됩니다.

그림에서 발견하기

그림을 보고 말해요

- 이 친구는 어떤 표정을 짓고 있나요?
- 왜 눈에 눈물이 고여 있을까요?
- 그림을 보면 무슨 동물을 그린 것 같나요?
- ○○도 그림을 그리다가 속상했던 적이 있나요?

발견하기 22

교육 활동 영역: 또래 관계, 정서 조절, 문제 해결

년 월 일 요일 이름: ____________

제목:

미술 시간에 선생님이 좋아하는 동물을 그려 발표하라고 했어요. 지아는 자신이 키우는 강아지를 그렸고, 남자아이들은 주로 공룡이나 말, 사자, 호랑이 같은 동물을 그렸어요.

화빈이 차례가 되자, 그림을 펼쳐 보였는데, 지아와 같은 강아지였어요. 화빈이는 섬세하게 그린 강아지 그림을 들고 카랑카랑한 목소리로 발표했어요.

"제가 키우는 이 강아지의 품종은 요크셔테리어로, 영국에서 온 강아지입니다."

화빈이는 발표를 잘해서 친구들의 박수를 받았어요. 화빈이의 그림과 비교하니 지아는 자기의 강아지가 마치 생쥐 같았죠. 지아는 점점 자신이 없어졌어요. 드디어 지아 차례가 되자, 울먹이며 거짓말을 하고 말았어요.

"아직 그림을 다 못 그렸어요."

발견하기 22

01 · 지아는 미술 시간에 어떤 동물을 그렸나요?

02 · 다른 사람과 비교되어 자신감이 없어지고 기가 죽은 상태를 표현한 관용어로, 화빈이의 멋진 발표와 그림을 보고 지아가 자신감을 잃고 거짓말까지 한 상황에 어울리는 말은 다음 중 어느 것인가요? (   )

① 주눅 들다 ② 입을 맞추다 ③ 콧대를 세우다 ④ 기가 막히다

03 · 화빈이가 강아지 그림을 설명하며 한 말 중 옳은 것은 무엇인가요? (   )

① "강아지는 일본에서 왔어요."
② "이 강아지의 품종은 요크셔테리어예요."
③ "이 강아지는 고양이와 비슷해요."
④ "강아지는 작은 새끼 곰과 같아요."

04 · 화빈이의 발표가 끝나고 어떤 일이 있었나요? (   )

① 친구들이 모두 웃었다
② 친구들이 박수를 쳤다
③ 선생님이 칭찬을 하셨다
④ 아무 일도 없었다

05 · 화빈이의 그림과 비교했을 때 지아는 어떤 기분을 느꼈을까요? (   )

① 자신의 그림이 더 낫다고 생각했다
② 자신의 그림이 생쥐처럼 보인다고 생각했다
③ 자신의 그림이 사자 같다고 생각했다
④ 자신의 그림이 더 크다고 생각했다

06 · 지아는 어떤 이유로 발표를 하지 않았을까요? (   )

① 그림을 안 그려서
② 선생님이 발표하지 말라고 해서
③ 그림을 잘 못 그렸다고 생각해서
④ 그림을 다 못 그려서

07 · (   )는 만약 지아와 같은 입장이라면 어떻게 할 것인가요? (   )

① 발표를 한다 ② 발표를 하지 않는다 ③ 기타

발견하기 23

교육 활동 영역

• 또래 관계

시호는 고사질로 인해 또래 집단 내 신뢰를 잃고 관계가 멀어지게 됩니다. 이 이야기를 통해 친구 관계에서 균형 잡힌 소통과 상호 존중의 중요성을 배울 수 있습니다.

• 자아 존중감

시호는 자신이 잘못한 게 없다고 생각하지만, 친구들의 반응으로 인해 점차 혼란스럽고 위축된 감정을 느낍니다. 타인의 시선에 의해 자존감이 흔들릴 수 있는 상황 속에서 자신의 행동을 돌아보며 성장의 기회로 삼는 태도를 기를 수 있습니다.

• 정서 조절

친구들에게 외면당한 상황에서 억울하고 속상한 감정이 복합적으로 나타납니다. 시호는 그 감정을 표현하지 못하고 혼잣말로 삼키며 점점 마음이 닫혀 갑니다. 이럴 때 감정을 인식하고 적절한 방법으로 표현하거나 도움을 청하는 것이 정서 조절에 중요한 방법이 될 수 있습니다.

숨은 뜻 찾기

기본 언어 학습

▶ 조언: 도움이 되도록 말로 이끌어 주는 것

속담

▶ 긁어 부스럼 만들다: 가만히 두면 괜찮을 일을 괜히 건드려서 문제를 더 키우다. 친구들 사이에서 스스로 해결할 수 있었던 일들을 시호가 일일이 알리면서 갈등

이 커지고 관계가 멀어진다.

관용어

- 말을 옮기다: 다른 사람의 말을 전해 다툼이나 오해를 일으키는 행동으로, 시호는 친구들 사이의 사소한 말이나 행동을 선생님께 계속 전하며 신뢰를 잃는다.
- 입이 싸다: 해야 할 말을 가리지 않고 아무에게나 쉽게 말하다. 친구들 사이의 이야기를 쉽게 옮기는 시호의 행동이 친구들에게 부담과 불편함을 준다.

명언

- 침묵은 때로는 가장 강력한 응답이다: 꼭 말하지 않아도 상황에 따라 조용히 지켜보는 것이 더 나은 선택일 수 있다. 시호가 모든 일을 말로 해결하려 하기보다, 때로는 조용히 기다리고 지켜보는 태도가 필요했다.

생각을 여는 지도 Tip

좋은 의도로 한 시호의 행동이 친구들과의 관계에서 왜 오해를 불러올 수 있었는지 이야기해 보세요. 자신의 행동을 돌아보고 친구의 입장에서 생각해 보는 과정은 아이의 공감 능력과 또래 관계 형성에 도움이 됩니다.

그림에서 발견하기

그림을 보고 말해요

- 이 장면에서 어떤 일이 벌어지고 있는 것 같나요?
- 아이는 어떤 표정을 짓고 있나요?
- 어른의 표정은 어떤가요? 어떤 기분일까요?
- 이 둘 사이에 어떤 대화가 오갔을까요?

발견하기 23

교육 활동 영역: 또래 관계, 자아 존중감, 정서 조절

년 월 일 요일 이름: ____________

제목:

시호는 교실에서 일어난 일을 빠짐없이 선생님한테 알리는 바람에 별명이 '스파이'였어요. 어느 날, 선생님이 조용히 조언해 주었어요.

"작은 일들은 친구들이 스스로 해결할 수 있게 두렴."

하지만 시호는 멈추지 않았어요.

"선생님께서 아셔야 할 것 같아서요."

2학기가 되자 시호의 고자질은 더 심해졌고, 결국 반 친구들은 시호를 피하기 시작했어요. 1학기 때 조금이라도 친절하게 대해 주던 친구들조차 점점 차갑게 대했어요. 재미있게 떠들고 놀던 아이들이 시호가 다가오면 손가락으로 입을 가리며 말했어요.

"앗! 시호다. 조용히 해."

그리고 다들 우르르 다른 쪽으로 가 버렸어요. 시호는 너무 억울했어요. 자신은 잘못한 게 없는데 친구들이 자신을 따돌린다고 느꼈어요. 마음이 답답하고 속상한 시호는 혼잣말로 중얼거렸어요.

'난 잘못한 게 없는데…… 왜 모두 나를 피하는 걸까?'

창밖을 바라보는 시호의 눈가가 서글퍼 보였어요.

발견하기 23

01 · 다른 사람의 말을 그대로 전달하거나 퍼뜨려서 오해나 갈등을 일으키는 행동을 표현한 관용어로, 시호가 친구들의 일을 선생님께 계속 전하는 상황에 어울리는 말은 다음 중 어느 것인가요? (   )

① 말을 옮기다 ② 입이 무겁다 ③ 귀가 번쩍 뜨이다 ④ 눈치를 보다

02 · 시호는 '작은 일들은 친구들이 해결하게 두라'는 선생님의 말을 왜 듣지 않고 계속 선생님께 알렸을까요? (   )

① 선생님께 알려야 된다고 생각해서 ② 친구들이 미워서
③ 어떤 게 작은 일인지 몰라서 ④ 고자질이 재미있어서 ⑤ 기타

03 · 1학기에 친절했던 친구들이 2학기에는 어떻게 변했나요? (   )

① 더 친절해졌다 ② 여전했다 ③ 친절하게 대하지 않았다 ④ 기타

04 · 시호가 나타나면 친구들은 어떻게 했나요? (   )

① 시호에게 다정하게 인사를 했다 ② 시호에게 욕을 했다
③ 화를 내며 시호를 때렸다 ④ 말을 멈추고 시호를 피했다

05 · 시호는 앞으로 어떻게 하면 좋을까요? (   )

① 계속 선생님께 이른다 ② 무슨 일이 있어도 선생님께 알리지 않는다
③ 상황을 잘 살펴보고 중요한 일만 알린다 ④ 친구들과 사이좋게 지낸다

06 · (   )는 선생님께 무엇인가를 알린 적이 있나요?

07 · 선생님께 자꾸 알리는 친구를 보면 (   )는 어떻게 하고 싶나요?

발견하기 24

교육 활동 영역

• 문제 해결

시호는 자신이 배운 방식대로 행동했지만, 시간이 지나면서 그 행동이 친구들과의 갈등으로 이어졌습니다. 시호는 친구들의 반응과 자신의 행동 사이에서 혼란을 느끼며 상황을 해결하지 못해 학교에 가기 싫어하게 됩니다. 이러한 경험을 통해 갈등의 원인을 이해하고, 상황에 맞는 적절한 대처 방법을 고민하는 능력을 기를 수 있습니다.

• 가족 관계

시호는 어릴 때부터 엄마의 말을 잘 따르며 인정과 칭찬을 받아 왔고, 그 영향이 학교생활의 행동 방식으로 이어졌습니다. 가족의 양육 태도와 메시지가 아이의 사회적 행동에 큰 영향을 준다는 점을 보여 줍니다.

• 정서 조절

시호는 친구들에게 따돌림을 당하며 억울하고 외로운 감정을 겪고 있지만, 처음에는 그 감정을 제대로 표현하지 못하고 참습니다. 감정이 쌓이다가 결국 울먹이며 터뜨리는 모습은 정서 조절의 어려움을 보여 줍니다. 감정을 인식하고, 적절한 상황에서 솔직하게 표현하는 능력을 키우는 것이 필요합니다.

숨은 뜻 찾기

속담

▶ 쇠털을 뽑아 제 구멍에 박는다: 융통성 없이 원칙만 따지며 쓸데없는 일에 힘을 쓰다. 시호는 상황에 따라 달라져야 할 친구 사이의 문제까지 모두 선생님께 알

리며, 융통성 없는 행동으로 오히려 관계를 망치게 된다.

관용어

▶ 우물 안 개구리: 세상이나 상황의 넓은 흐름을 모르고 좁은 기준에 갇혀 있는 태도로, 시호는 가정에서 배운 '무조건 알려야 한다'는 기준에만 매여 친구들 간의 자연스러운 관계 흐름을 이해하지 못한다.

명언

▶ 가장 강한 종이 살아남는 것이 아니라, 가장 변화에 잘 적응하는 종이 살아남는다: 고집이나 힘보다 환경에 맞게 유연하게 태도를 바꾸는 것이 더 중요하다. 시호도 학교라는 새로운 사회 안에서 상황에 맞는 관계 방식으로 조금씩 조절해 나갈 필요가 있다.

생각을 여는 지도 Tip

시호가 그런 행동을 하게 된 배경을 이해하며, 좋은 의도도 상황과 방식에 따라 다르게 받아들여질 수 있다는 점에 대해 이야기해 보세요. 친구들과의 신뢰를 쌓는 방법과 문제 상황에서의 적절한 표현을 익히면 문제 해결력과 사회적 소통 능력을 기르는 데 도움이 됩니다.

그림에서 발견하기

그림을 보고 말해요

- 아이는 어떤 표정을 짓고 있나요? 무슨 감정일까요?
- 어른은 어떤 표정인가요? 무슨 말을 하고 있을까요?
- 이 장면에서 두 사람 사이에 어떤 일이 있었을까요?
- 누군가가 내 말을 잘 들어 줄 때 어떤 기분이 드나요?

발견하기 24

교육 활동 영역: 문제 해결, 가족 관계, 정서 조절

년 월 일 요일 이름: ____________

제목:

시호는 어릴 때부터 엄마에게 자주 듣던 말이 있었어요.

"무슨 일이 있으면 바로 엄마에게 알려야 해."

동생이 울거나 다치거나 음식을 흘릴 때마다 엄마에게 알리면 칭찬을 받았어요.

"학교에서는 선생님께 알려야 해."라는 말도 들었죠. 그래서 시호는 학교에서도 무슨 일이 생기면 곧바로 선생님한테 알렸어요. 처음엔 선생님도 "알려 줘서 고마워."라며 반겼어요. 하지만 시간이 지나자 "이런 일은 굳이 알리지 않아도 돼."라며 귀찮아하는 듯 보였어요.

어느 날 시호는 엄마에게 말했어요.

"엄마, 나 학교 가기 싫어!"

엄마는 깜짝 놀라며 물었어요.

"학교에서 무슨 일이 있었니?"

그러자 시호는 울먹이며 대답했어요.

"친구들이 나를 왕따 시켜!"

발견하기 24

01 · 시호가 어릴 때 엄마에게 자주 들은 말은 무엇인가요? (　　)

① "무조건 친구 말을 들어야 해."　② "항상 공부를 열심히 해야 해."

③ "자주 놀러 다녀야 해."　④ "무슨 일이 있으면 엄마에게 알려야 해."

02 · 처음에 시호가 알렸을 때 선생님은 어떻게 말했나요? (　　)

① "알려 줘서 고마워."　② "사소한 일은 선생님께 알리지 않아도 돼."

③ "항상 잘 알려 줘서 정말 좋아."　④ "다음부터는 친구들에게 말해."

03 · 시간이 지나자 선생님은 시호에게 어떤 말을 했나요? (　　)

① "알려 줘서 고마워."　② "사소한 일은 선생님께 알리지 않아도 돼."

③ "항상 잘 알려 줘서 정말 좋아."　④ "다음부터는 친구들에게 말해."

04 · 시호가 왕따를 당한다고 했을 때, 엄마의 기분은 어떨까요? (　　)

① 속상하다　② 창피하다　③ 궁금하다　④ 화가 난다　⑤ 기타

05 · 시호가 선생님께 자주 친구들의 일을 알린 이유는 무엇일까요? (　　)

① 칭찬받고 싶어서　② 엄마가 시켜서　③ 친구들이 미워서

④ 재미있어서　⑤ 기타

06 · 세상이나 상황을 넓게 보지 못하고 자신이 배운 좁은 기준만을 옳다고 믿으며 행동하는 태도를 표현한 관용어로, 집에서 배운 방식 그대로 학교에서도 적용하며 문제를 겪게 된 시호의 모습에 어울리는 말은 다음 중 어느 것인가요? (　　)

① 물과 기름　② 강 건너 불구경　③ 우물 안 개구리　④ 눈에 불을 켜다

07 · (　　　　)는 학교 일로 엄마를 속상하게 한 적이 있나요? (　　)

① 예　② 아니요　③ 기타

발견하기 25

교육 활동 영역

• 또래 관계

태영이와 승우는 서로의 다름을 받아들이지 못해 갈등을 겪습니다. 그러나 정호의 중립적이고 따뜻한 개입을 통해 서로에 대한 인식이 바뀌고 갈등이 줄어들게 됩니다. 친구 사이에서는 다름을 존중하고 긍정적인 방식으로 관계를 조율하는 태도가 중요함을 배울 수 있습니다.

• 공감 능력

정호는 두 친구의 흉을 듣고 서로의 장점을 이야기합니다. 상대방의 감정과 상황을 고려한 말과 행동은 건강한 관계 형성에 중요한 요소입니다. 이 이야기는 공감 능력을 통해 친구 사이의 오해를 줄이고, 갈등을 평화롭게 풀어 나갈 수 있음을 보여 줍니다.

• 정서 조절

태영이와 승우는 처음엔 불쾌한 감정을 참지 못하고 서로를 흉봤지만, 정호의 말을 통해 스스로를 돌아보게 됩니다. 감정이 상하는 상황에서 어떻게 반응하느냐에 따라 관계가 달라질 수 있음을 깨닫게 됩니다. 이를 통해 감정을 억누르거나 폭발시키는 대신, 인식하고 조절하는 태도를 배우는 기회가 됩니다.

숨은 뜻 찾기

기본 언어 학습

▶ 티격태격: 사소한 일로 서로 옥신각신 다투는 것

속담

▶ 싸움은 말리고 흥정은 붙이랬다: 다툼은 말리고 화해하거나 좋게 풀 수 있도록 도와야 한다는 뜻으로, 정호는 태영이와 승우가 서로를 흉보며 다투지 않도록 중간에서 말리고, 서로의 좋은 점을 이야기해 분위기를 부드럽게 만든다.

관용어

▶ 트집 잡다: 별로 문제되지 않는 일을 억지로 문제 삼아 시비를 거는 태도로, 태영이와 승우는 서로의 단점을 꼬집으며 사소한 일에도 트집을 잡고 다투곤 했다.

명언

▶ 다른 사람의 좋은 점을 찾아보라. 당신이 찾는 것이 당신의 눈에 보일 것이다: 사람은 어떤 시선으로 바라보느냐에 따라 그 사람의 장점이나 단점이 달라 보인다. 정호는 태영이와 승우의 장점을 바라보며 서로를 흉보지 않도록 따뜻하게 일깨워 준다.

생각을 여는 지도 Tip

서로의 다름으로 갈등을 겪게 되는 상황과 친구의 장점을 바라보는 긍정적인 시선에 대해 이야기해 보세요. 배려와 공감을 실천하며 갈등을 평화롭게 풀어 가는 태도를 기르는 데 도움이 됩니다.

그림에서 발견하기

그림을 보고 말해요

- 이 물건들은 무엇일까요?
- 목소리가 너무 큰 친구가 있을 때 기분이 어떤가요?
- 말다툼이 생겼을 때 어떻게 하면 잘 해결할 수 있을까요?
- 친구에게서 땀 냄새가 날 때, 어떻게 이야기하면 좋을까요?

발견하기 25

교육 활동 영역: 또래 관계, 공감 능력, 정서 조절

년 월 일 요일 이름: ____________

제목:

태영이는 목소리가 유난히 커서 친구들과 이야기할 때면 늘 태영이 목소리만 쩌렁쩌렁 울리곤 했어요. 이에 승우는 태영이가 '시끄럽다'고 불평했어요. 한편, 승우는 축구 선수여서 매일 운동장에서 뛰어다녔어요. 태영이는 승우가 땀에 흠뻑 젖은 운동복을 입고 다니는 걸 보고 '더럽다'고 흉봤어요. 둘은 마주칠 때마다 티격태격 다투기 일쑤였죠.

어느 날, 정호라는 친구가 전학을 왔어요. 태영이는 정호에게 승우가 늘 땀에 젖어 다닌다며 흉봤고, 승우는 태영이가 너무 시끄럽다며 불평했어요. 하지만 정호는 승우에게 이렇게 말했어요.

"난 태영이가 재미있어서 좋아. 그러니까 태영이 흉은 안 봤으면 좋겠어."

또 태영이가 승우 흉을 볼 때는 이렇게 말했어요.

"난 승우가 땀 흘리며 열심히 축구하는 모습이 좋아. 그러니까 승우 흉은 그만 봤으면 좋겠어."

태영이와 승우는 정호의 말을 듣고 부끄러워했어요. 그 뒤로 둘은 비록 친해지진 않았지만, 더 이상 서로를 흉보거나 다투는 일은 없었다고 합니다.

발견하기 25

01 · 승우가 태영이를 흉본 이유는 무엇인가요? ( )

① 너무 조용해서 ② 친구들과 떠들어서 ③ 운동을 못해서 ④ 목소리가 커서

02 · 태영이가 정호에게 승우를 흉본 이유는 무엇인가요? ( )

① 승우가 땀에 젖어 다녀서 ② 승우가 축구를 못해서 ③ 승우가 시끄러워서
④ 승우가 숙제를 안 해서 ⑤ 기타

03 · 상대의 말이나 행동에서 괜히 허물을 찾아내어 문제 삼거나 불평을 하는 태도를 표현한 관용어로, 태영이와 승우가 서로의 단점을 들추며 다툰 모습에 어울리는 말은 다음 중 어느 것인가요? ( )

① 트집 잡다 ② 손을 내밀다 ③ 발이 묶이다 ④ 귀가 얇다

04 · 이 이야기를 통해 알 수 있는 것은 무엇일까요? ( )

① 친구의 단점을 지적해서 고치게 도와줘야 한다
② 단점이라고 생각한 것이 다른 면에서 장점일 수 있다
③ 서로의 다름을 인정하고 존중해야 한다
④ 내게 거슬리는 것이 다른 친구에게는 좋은 점으로 보일 수 있다

05 · 이 이야기의 결말로 알맞은 것은 무엇인가요? ( )

① 태영이와 승우는 더 이상 다투지 않았다 ② 태영이와 승우는 절교했다
③ 태영이와 승우는 함께 축구를 했다 ④ 태영이와 승우는 친해졌다

06 · (   )는 친구를 흉본 적이 있나요?

07 · 친구가 (   )의 흉을 본 적이 있나요?

발견하기 26

교육 활동 영역

• 또래 관계

소영이는 평소 간식을 통해 친구들과 관계를 유지했지만, 간식이 없을 때 친구들과 어색한 거리를 느끼며 외로움을 경험합니다. 친구들과의 관계가 물건이나 조건에 좌우되는 것이 아님을 깨닫는 것이 중요합니다. 이 과정에서 진정한 또래 관계는 나눔뿐 아니라 서로에 대한 관심과 마음에서 비롯된다는 점을 배울 수 있습니다.

• 자아 존중감

소영이는 자신이 과자를 가져오지 못한 날, 친구들에게 환영받지 못하는 느낌을 받으며 위축됩니다. 자기 존재의 가치를 물건이나 행동으로 판단하게 되면 자아 존중감이 흔들릴 수 있습니다. 비교나 조건 없이 자신을 소중하게 여기는 마음을 기르는 것이 필요합니다.

• 정서 조절

소영이는 서운하고 외로운 감정을 느끼지만, 이를 조용히 속으로 삼키고 행동으로 표현하지 못합니다. 감정을 인식하고 건강하게 표현하는 것이 관계 유지와 내면의 안정에 도움이 됩니다. 속상한 마음을 조절하고, 용기를 내어 친구들과 다시 소통하려는 노력이 정서 조절의 출발점이 됩니다.

숨은 뜻 찾기

기본 언어 학습

▶ 서운하다: 기대에 못 미치거나 섭섭해서 마음이 아쉬운 느낌이 드는 것

▶ 부럽다: 다른 사람의 모습이나 상황이 좋아 보여서 나도 그렇게 되고 싶은 마음이 드는 것

▶ 불만스럽다: 마음에 들지 않거나 못마땅해서 만족하지 못하는 느낌이 드는 것

명언

▶ 친구를 얻는 유일한 방법은 스스로 친구가 되는 것이다: 진심 어린 태도와 마음으로 다가갈 때 진정한 친구를 사귈 수 있다는 의미다. 소영이는 과자 없이도 친구가 될 수 있도록, 먼저 다가가고 스스로 친구가 되는 용기를 가져야 한다.

생각을 여는 지도 Tip

친구 관계에서 중요한 것은 물질이 아니라 마음과 태도라는 점에 대해 이야기해 보세요. 자신의 존재 가치를 인정하고 자연스럽게 어울릴 수 있는 소통 방법을 기르는 데 도움이 됩니다.

그림에서 발견하기

그림을 보고 말해요

- 이 그림에는 어떤 간식들이 보이나요?
- ○○는 이 중에서 어떤 간식을 가장 좋아하나요?
- 간식을 먹을 때는 보통 어떤 기분이 드나요?
- 친구와 간식을 나눠 본 적이 있나요? 그때 어땠나요?

발견하기 26

교육 활동 영역: 또래 관계, 자아 존중감, 정서 조절

년 월 일 요일 이름: ____________

제목:

소영이는 점심시간마다 친구들에게 과자나 사탕을 나눠 주며 즐거운 시간을 보냈어요. 그러던 어느 날, 소영이는 깜빡하고 집에서 먹을 것을 가져오지 못했어요. 걱정이 된 소영이는 속으로 생각했어요.

'과자가 없는데 오늘도 친구들이 나랑 놀아 줄까?'

점심시간이 되자 소영이는 조심스럽게 친구들에게 다가갔어요. 예지가 평소처럼 환한 얼굴로 물었어요.

"소영아! 오늘은 무슨 과자 가져왔어?"

소영이는 고개를 숙이며 작게 대답했어요.

"미안해, 오늘은 아무것도 없어."

그러자 예지는 불만스러운 표정을 지었어요. 다른 친구들은 별말 없이 서로 이야기하며 소영이를 쳐다보지도 않았어요. 순간 소영이는 살짝 서운해지는 걸 느꼈어요.

'과자가 없으니까 아무도 나에게 말을 걸지 않는군.'

소영이는 결국 자리로 돌아와 앉았어요. 친구들과 함께 어울리고 싶었지만, 먼저 다가갈 용기가 나지 않았어요. 소영이는 예지를 바라보았어요.

'예지는 과자를 나눠 주지 않아도 늘 친구들과 재미있게 잘 어울려.'

소영이는 그런 예지가 문득 부러워졌어요.

발견하기 26

01 · 소영이가 친구들에게 나눠 주는 것을 좋아한 이유는 무엇일까요? (   )

① 친구들과 놀 수 있어서
② 간식을 다 먹지 않기 위해서
③ 선생님께 칭찬을 받기 위해서
④ 과자를 팔고 싶어서
⑤ 기타

02 · 소영이는 친구들이 자신을 좋아하는 이유가 무엇이라고 생각했나요?

03 · 소영이가 과자를 가져오지 못한 걸 걱정한 이유는 무엇일까요? (   )

① 친구들이 과자를 달라고 할까 봐
② 친구들이 자신과 놀지 않을까 봐
③ 선생님이 혼낼까 봐
④ 점심시간에 간식을 먹지 못할까 봐
⑤ 기타

04 · 과자를 가져 오지 못했다는 대답을 듣고 예지는 어떻게 했나요? (   )

① 괜찮다며 소영이와 놀았다
② 불만스러운 표정을 지었다
③ 집에 가서 가져오라고 했다
④ 소영이에게 화를 냈다
⑤ 기타

05 · 진정한 친구를 사귀려면 먼저 자신이 좋은 친구가 되어야 한다는 뜻을 담은 명언으로, 과자를 나눠 주지 못하자 친구들과 어울리기 어려워하는 소영이의 모습과 어울리는 말은 다음 중 어느 것인가요? (   )

① 친구를 얻는 유일한 방법은 스스로 친구가 되는 것이다
② 말보다 행동이 먼저다
③ 아는 것이 힘이다
④ 오늘 할 수 있는 일을 내일로 미루지 마라

06 · (   )는 무엇인가를 나눠 주지 않아도 되는 친구가 있나요? (   )

① 예 ② 아니요 ③ 기타

07 · 소영이는 예지의 어떤 점을 부러워했나요? (   )

① 과자를 나눠 먹는 점
② 선물이나 간식으로 친구의 마음을 얻는 점
③ 성격이 밝은 점
④ 친구들과 잘 어울리는 점
⑤ 기타

발견하기 27

교육 활동 영역

• 또래 관계

민호와 지연이는 작은 오해로 인해 말다툼을 하며 관계가 일시적으로 흔들립니다. 친구 사이에서는 상황을 제대로 알기 전에 감정적으로 반응하면 관계에 갈등이 생길 수 있습니다. 서로의 입장을 이해하고 차분히 대화하는 태도가 건강한 또래 관계 유지에 중요합니다.

• 정서 조절

민호는 당황하고 화가 난 감정을 조절하지 못하고 색연필을 빼앗으며 감정적으로 반응합니다. 지연 역시 억울함과 놀람을 크게 표출하며 갈등이 격해지게 됩니다. 자신의 감정을 인식하고, 상황에 맞는 적절한 방식으로 표현하는 정서 조절 능력이 필요합니다.

• 문제 해결

사소한 오해가 갈등으로 이어졌지만, 승우의 침착한 개입으로 상황이 명확히 밝혀지고 문제는 해결됩니다. 상황을 차분히 살피고, 직접 확인해 보는 태도는 갈등을 줄이고 해결로 나아가는 데 도움이 됩니다. 문제 상황에서 감정에 앞서 사실을 파악하고 해결 방법을 찾는 경험이 중요합니다.

숨은 뜻 찾기

기본 언어 학습

▶ 낚아채다: 재빠르게 잡아채거나 빼앗는 것

속담

- 아닌 밤중에 홍두깨: 전혀 예상하지 못한 일이 갑자기 닥치다. 지연이는 아무 일 없이 색칠하고 있다가 갑자기 색연필을 훔쳤다는 말을 듣고 당황하게 된다.

관용어

- 어안이 벙벙하다: 너무 놀라거나 당황해서 말이 잘 나오지 않는 상태로, 민호가 색연필을 휙 뺏자 지연이는 상황을 이해하지 못한 채 멍하게 반응한다.
- 의심의 눈초리로 보다: 믿지 못하고 의심하는 태도로 바라보다. 민호는 지연이를 똑바로 확인하지도 않고 자기 색연필을 훔쳤다고 단정하며 의심한다.

명언

- 대부분의 문제들은 듣지 않고 짐작함으로써 일어난다: 사실을 정확히 확인하거나 대화를 나누지 않고 추측만으로 판단하면 갈등이 생기기 쉽다. 민호는 색연필을 잃어버리자 제대로 확인하지 않고 지연이를 의심해 불필요한 다툼을 만들게 된다.

생각을 여는 지도 Tip

갈등과 오해 상황에서 감정적으로 반응하기보다 차분하게 확인하고 대화하는 태도의 중요성에 대해 이야기해 보세요. 실수를 인정하고 사과하는 용기, 친구 사이의 신뢰와 배려를 기르는 데 도움이 됩니다.

그림에서 발견하기

그림을 보고 말해요

- 바닥에 무엇이 떨어져 있나요?
- 왜 이 색연필이 바닥에 떨어졌을까요?
- ○○도 수업 중에 물건을 떨어뜨린 적이 있나요?
- 다른 친구가 떨어뜨린 물건을 주워 준 적이 있나요?

발견하기 27

교육 활동 영역: 또래 관계, 정서 조절, 문제 해결

년 월 일 요일 이름: ______________

제목: ______________________________

미술 시간, 아이들이 그림을 그리고 있었어요.

"어, 내 색연필!"

민호가 갑자기 소리쳤어요. 초록색 색연필이 보이지 않았거든요. 민호는 주위를 둘러보았어요. 그런데 옆에 앉은 지연이가 초록색 색연필로 열심히 색칠하고 있었어요.

"왜 내 색연필 가져갔어?"

민호가 지연이 손에서 색연필을 휙 낚아챘어요. 갑작스러운 민호의 행동에 지연이는 어안이 벙벙했어요. 잠시 민호를 바라보다가, 고함을 꽥 질렀어요.

"무슨 말이야! 그건 내 거야!"

민호도 물러서지 않았어요.

"거짓말하지 마! 내 거라니까!"

그때, 뒷자리에 앉은 승우가 민호의 등을 툭툭 치며 말했어요.

"민호야! 저기 봐."

민호와 지연이는 동시에 승우가 가리킨 쪽을 바라보았어요. 민호의 의자 아래에 초록색 색연필이 떨어져 있었어요.

발견하기 27

01 · 민호가 그림을 그리던 중 갑자기 소리친 이유는 무엇인가요? (　　)

① 지연이가 민호의 그림을 망쳐서
② 초록색 색연필이 보이지 않아서
③ 선생님이 그림을 칭찬해서
④ 다른 친구가 민호를 불렀기 때문에

02 · 민호는 초록색 색연필이 없어져서 처음에 어떻게 했나요? (　　)

① 선생님께 바로 말씀드렸다
② 가만히 앉아 기다렸다
③ 주위를 둘러보았다
④ 다른 색연필로 그림을 그렸다
⑤ 기타

03 · 민호는 왜 지연이의 손에 있는 색연필이 자신의 것이라고 생각했나요?

04 · 너무 놀라거나 당황스러운 상황에서 말문이 막히고 멍해지는 상태를 표현한 관용어로, 민호가 갑자기 색연필을 빼앗자 놀란 지연이의 반응에 어울리는 말은 다음 중 어느 것인가요? (　　)

① 손을 놓다　② 어안이 벙벙하다　③ 귀를 기울이다　④ 얼굴을 붉히다

05 · 민호의 색연필은 어디에 있었나요? (　　)

① 지연이의 책상 위에
② 민호의 의자 아래에
③ 승우의 손 안에
④ 선생님의 책상 위에
⑤ 기타

06 · 이 이야기를 통해 알 수 있는 것은 무엇인가요? (　　)

① 물건을 소중히 다루어야 한다
② 친구와 다투면 바로 사과해야 한다
③ 색연필은 꼭 나누어 써야 한다
④ 물건이 없을 땐 주변을 잘 살펴야 한다
⑤ 기타

07 · (　　　　)는 잃어버린 물건을 친구가 들고 있으면 어떻게 할 건가요?

발견하기 28

교육 활동 영역

• 가족 관계

선우는 가족 행사에 참석하게 되고, 그 자리에서 사촌과 비교당하는 경험을 하며 위축됩니다. 가족 내에서 공평하지 못한 대우는 아이의 소속감과 정서적 안정에 영향을 줄 수 있습니다. 가족 구성원 간의 따뜻하고 공정한 소통과 관심이 긍정적인 가족 관계 형성에 중요합니다.

• 자아 존중감

사촌 승호와 비교되며 선우는 자신이 부족하다고 느끼고, 스스로를 작게 여기게 됩니다. 반복된 비교와 부정적인 피드백은 자아 존중감을 떨어뜨리는 원인이 됩니다. 자신만의 가치를 알고, 남과 비교하지 않고 자신을 긍정적으로 받아들이는 태도를 기르는 것이 필요합니다.

• 정서 조절

선우는 불편한 상황 속에서 서운함과 위축된 감정을 경험하지만, 이를 겉으로 드러내지 못하고 조용히 감정을 삼킵니다. 감정을 억누르기보다는 솔직하고 건강하게 표현하는 연습이 필요합니다. 따라서 억울하거나 속상한 마음을 스스로 다독이고, 침착하게 반응하는 정서 조절 능력을 기를 필요가 있습니다.

숨은 뜻 찾기

✕ 기본 언어 학습

▶ 제사: 조상에게 음식을 차려 놓고 정성을 다해 기리는 의식

- ▶ 명절: 설날이나 추석처럼 특별한 의미를 지닌 큰 명절날
- ▶ 뻔했다: 어떤 일이 일어날 것이 분명하거나 뚜렷하게 예상되는 것

관용어

- ▶ 낯을 가리다: 낯선 사람이나 상황에서 쉽게 말을 하지 못하거나 행동이 소극적인 태도로, 선우는 친척들이 모인 큰집에서 어색하고 불편한 마음에 인사도 제대로 하지 못한다.
- ▶ 혀를 차다: 못마땅하거나 안타까운 마음을 나타내는 표현으로, 할아버지는 선우의 작은 목소리 인사를 듣고 실망한 듯 혀를 차며 반응한다.

명언

- ▶ 비교는 불행의 시작이다: 남과 비교하며 스스로를 판단하면 만족감이 줄고 마음의 상처를 받기 쉽다. 선우는 같은 상황에서 환영받는 승호와 비교되며 더 위축되고 속상한 마음이 들게 된다.

생각을 여는 지도 Tip

비교로 인해 위축된 선우의 감정을 함께 이야기해 보세요. 인사 예절의 중요성과 함께, 아이마다 표현 방식이 다르다는 점을 이해하며 자기다움을 지키고 자신감을 키우는 데 도움이 됩니다.

그림에서 발견하기

그림을 보고 말해요

- 이 장면에는 누가 모여 있나요?
- 모두가 웃고 있는데, 한 친구는 어떤 표정을 짓고 있나요?
- 이 친구는 왜 속상해 보일까요?
- ○○도 이렇게 많은 사람들 속에서 외로웠던 적이 있나요?

발견하기 28

교육 활동 영역: 가족 관계, 자아 존중감, 정서 조절

년 월 일 요일 이름: ____________

제목: ______________________________

선우는 주말에 제사가 있어 큰집에 가야 했어요.

"엄마, 나 안 가면 안 돼?"

엄마는 단호하게 말했어요.

"안 돼. 가야 해."

큰집에 가면 사촌 동생인 승호도 올 게 뻔했어요. 명절이나 제사, 집안 행사가 있을 때마다 만나는 승호는 선우보다 한 살 어린 사촌 동생이었죠.

주말이 되어, 선우는 결국 엄마, 아빠와 함께 큰집에 갔어요. 할머니와 할아버지는 친척들과 이야기를 나누고 계셨어요. 선우가 두리번거리자, 할아버지가 호통을 쳤어요.

"선우 이놈, 어른을 보면 인사를 해야지!"

선우는 기어들어 가는 목소리로 "안녕하세요."라고 말했어요. 할아버지는 "으그…… 쯧쯧." 하며 혀를 찼어요. 그때 어디선가 활기찬 목소리가 들렸어요.

"할아버지, 할머니, 안녕하세요!"

승호였어요.

"어이쿠! 우리 승호 왔구나!"

할아버지와 할머니는 활짝 웃으며 승호를 반갑게 맞이했어요.

발견하기 28

01 · 선우가 큰집에 가기 싫었던 이유는 무엇인가요? (　　)

① 숙제가 많아서　② 큰집에서 사촌 동생을 만날까 봐　③ 비가 와서
④ 텔레비전을 보고 싶어서　⑤ 기타

02 · 선우는 할아버지에게 인사를 어떻게 했나요? (　　)

① 활기차게　② 기어들어 가는 목소리로　③ 큰 소리로
④ 인사를 하지 않았다　⑤ 기타

03 · 사촌 동생 승호는 어떤 모습으로 큰집에 왔나요? (　　)

① 슬퍼하며　② 활기차게 인사하며　③ 조용히　④ 울면서

04 · 못마땅하거나 안타까운 마음을 드러낼 때, 자연스럽게 나타나는 반응을 표현한 관용어로, 선우의 태도에 대해 할아버지가 보인 반응에 어울리는 말은 다음 중 어느 것인가요? (　　)

① 혀를 차다　② 입을 모으다　③ 눈을 피하다　④ 코를 찡긋하다

05 · 이 이야기에서 승호는 어떤 성격으로 표현되었나요? (　　)

① 활발하고 밝은 성격　② 내성적이고 조용한 성격　③ 겁이 많은 성격
④ 화가 많은 성격　⑤ 기타

06 · 선우는 승호를 만나는 게 왜 싫었을까요?

07 · (　　　　)는 만나기 싫은 친척이 있나요? (　　)

① 예　② 아니요　③ 기타

발견하기 29

교육 활동 영역

• 또래 관계

지훈이는 친구의 놀림으로 당황하고 속상한 상황을 겪지만, 다른 친구들의 위로와 도움으로 위안을 얻습니다. 친구 사이의 말과 행동은 관계에 긍정적인 영향을 줄 수도, 상처를 줄 수도 있습니다. 건강한 또래 관계를 위해서는 서로를 존중하고 배려하는 태도가 필요하다는 것을 배울 수 있습니다.

• 정서 조절

지훈이는 부끄럽고 속상한 마음에 감정을 억누르며 주먹을 쥐고 참아 냅니다. 감정을 억압하거나 폭발시키기보다는 적절하게 표현하고 다스리는 방법이 필요합니다. 따라서 감정의 흐름을 인식하고 안정적으로 조절하는 능력을 기르는 것이 중요합니다.

• 공감 능력

주아는 지훈이의 감정을 빠르게 알아차리고 조용히 위로해 주며 공감하는 모습을 보입니다. 상대의 입장에서 생각하고 필요한 도움을 자연스럽게 건네는 태도는 공감 능력의 좋은 예입니다. 공감은 친구 관계를 따뜻하게 만들고, 어려운 상황을 함께 이겨 내는 힘이 됩니다.

숨은 뜻 찾기

기본 언어 학습

▶ 시무룩하다: 기분이 좋지 않아서 말이나 표정이 어두운 상태

▶ 턱을 괴다: 한쪽 손으로 턱을 받치고 기대는 행동

속담

- 뿌린 대로 거둔다: 자신이 한 만큼의 결과나 대가를 받게 된다는 뜻으로, 시후는 남의 약점을 조롱한 행동 때문에 친구들 사이에서 좋은 인상을 남기지 못하고 분위기를 망치게 된다.

관용어

- 약점을 들추다: 남에게 숨기고 싶은 실수나 단점을 드러내어 부끄럽게 하다. 시후는 지훈이가 실수로 흘린 침을 굳이 말하며 모두 앞에서 지훈을 놀려 창피를 준다.
- 눈치 없다: 상황을 제대로 파악하지 못하고 말이나 행동을 하는 태도로, 시후는 지훈이가 상처받을 수 있는 상황에서도 장난을 계속하며 분위기를 흐린다.

생각을 여는 지도 Tip

시후처럼 놀리는 친구 앞에서 만약 지훈이라면 어떻게 행동할지 이야기해 보세요. 상처받은 마음을 표현하면서도 감정을 잘 다스리는 방법을 생각해 보는 일은 아이의 정서 조절 능력과 또래 관계를 건강하게 키우는 데 도움이 됩니다.

그림에서 발견하기

그림을 보고 말해요

- 이 친구는 어떤 표정을 짓고 있나요?
- 왜 손가락으로 누군가를 가리키고 있을까요?
- ○○도 누군가의 말이나 행동에 기분이 상한 적이 있나요?
- 다른 친구의 기분을 생각하며 행동하려면 어떻게 해야 할까요?

발견하기 29

교육 활동 영역: 또래 관계, 정서 조절, 공감 능력

년 월 일 요일 이름: ____________

제목: ________________________________

“이지훈! 어서 일어나지 못하겠니?”

수업 시간에 책상에 엎드려 잠이 들었던 지훈이는 선생님한테 꾸중을 들었어요. 종이 울리고 선생님이 교실을 나간 후에도 지훈이는 여전히 시무룩했어요. 친구들이 다가와 위로했어요.

“지훈아, 괜찮아?” “어젯밤에 잠을 못 잤니? 피곤해 보이네.”

지훈이는 한숨을 쉬며 턱을 괴었어요.

“응…… 어젯밤에 늦게까지 숙제하느라 그랬어.”

그때 옆에 있던 시후가 갑자기 낄낄 웃으며 손가락으로 지훈이의 얼굴을 가리켰어요.

“야! 너 턱에 침! 침까지 흘리면서 잤냐?”

지훈이는 서둘러 손으로 턱을 가렸어요. 하지만 이미 늦었어요. 시후는 계속 웃었고 교실 분위기가 싸늘해졌어요. 지훈이는 입을 꾹 다물고 주먹을 불끈 쥐었어요. 그때 주아가 얼른 휴지를 꺼내 지훈이에게 건네며 말했어요.

“지훈아, 네가 참아. 시후는 원래 저런 애잖아.”

지훈이는 주아의 말에 고개를 끄덕이며 얼굴을 닦았어요.

발견하기 29

01 · 지훈이가 선생님께 꾸중을 들은 이유는 무엇인가요? (   )

① 수업 시간에 떠들어서 ② 책상에 엎드려 잠을 자서 ③ 숙제를 안 해서
④ 친구와 장난을 쳐서 ⑤ 기타

02 · 선생님이 교실을 나간 후, 지훈이는 어떤 기분이었나요? (   )

① 기뻤다 ② 시무룩했다 ③ 화가 났다 ④ 즐거웠다

03 · 지훈이가 피곤했던 이유는 무엇인가요? (   )

① 운동장에서 축구를 해서 ② 텔레비전을 보느라 늦게 자서
③ 어젯밤에 숙제를 하느라 ④ 친구와 늦게까지 통화해서 ⑤ 기타

04 · 시후가 지훈이를 놀린 이유는 무엇인가요? (   )

① 지훈이가 수업 시간에 잠을 자서 ② 지훈이가 머리를 헝클고 있어서
③ 지훈이가 옷을 거꾸로 입어서 ④ 지훈이가 턱에 침을 흘렸기 때문에

05 · 분위기나 상대의 기분을 살피지 못하고 말이나 행동을 하는 사람을 표현한 관용어로, 지훈이가 속상해하는 상황에서도 장난스럽게 놀린 시후의 행동에 어울리는 말은 다음 중 어느 것인가요? (   )

① 귀를 의심하다 ② 손이 크다 ③ 입이 짧다 ④ 눈치 없다

06 · 주아가 말한 '원래 저런 애'의 의미는 무엇일까요? (   )

① 수업 시간에 졸지 않는 아이 ② 남을 잘 놀리는 아이
③ 웃음이 많은 아이 ④ 남의 기분을 배려하지 못하는 아이 ⑤ 기타

07 · (   )는 친구의 기분을 살피지 못해 핀잔을 들은 적이 있나요?

① 예 ② 아니요 ③ 기타

발견하기 30

교육 활동 영역

• 또래 관계

하준이는 친구들과 어울리는 과정에서 반복적으로 놀림이나 무시당하는 경험을 합니다. 친구들의 무심한 말과 행동, 그리고 그것에 대한 교사의 반응은 하준이의 관계 형성에 부정적인 영향을 미칩니다. 친구 관계 속에서 존중과 배려가 얼마나 중요한지를 느낄 수 있는 상황입니다.

• 정서 조절

하준이는 반복되는 부당한 경험에 속상하고 분노하지만, 이를 제대로 해소하거나 표현하지 못한 채 감정을 쌓아 갑니다. 누적된 감정은 결국 '전학 가고 싶다'는 말로 터져 나옵니다. 감정을 인식하고 적절하게 표현하며 다루는 방법을 익히는 것이 정서적 건강을 위해 필요합니다.

• 문제 해결

하준이는 문제 상황에서 도움을 요청하지만, 기대한 반응을 받지 못하고 좌절합니다. 상황을 개선하려면 단순히 감정을 표현하는 것을 넘어, 자신의 입장을 분명히 말하고, 필요할 때는 어른과 건설적인 방식으로 소통하는 방법이 필요합니다.

숨은 뜻 찾기

속담

▶ 계란으로 바위치기: 아무리 애를 써도 상대가 너무 강하거나 상황이 불리해 결과를 바꾸기 어렵다. 하준이는 억울한 마음을 표현해도 선생님의 반응은 늘 같고,

상황이 달라지지 않아서 무력함을 느낀다.

관용어

- 기가 차다: 어이없고 황당해서 말이 나오지 않을 때 쓰는 표현으로, 하준이는 친구의 행동과 선생님의 반응에 기가 막혀 속으로 말도 안 된다는 생각을 한다.
- 마음 둘 곳 없다: 의지하거나 위로받을 곳이 없어 외로운 상태로, 선생님도 친구들도 하준이의 마음을 알아주지 않아서 더 외롭고 속상한 마음이 크다.

명언

- 가장 큰 슬픔은 이해받지 못하는 것이다: 사람은 누군가에게 마음을 털어놓았을 때 이해받지 못하면 더욱 외롭고 슬퍼진다. 하준이는 계속 억울하고 힘든 상황에서도 아무도 그의 감정을 진심으로 이해해 주지 않아 큰 상처를 받게 된다.

생각을 여는 지도 Tip

하준이의 상황을 통해 억울하다고 느꼈던 경험과 그때의 감정에 대해 이야기해 보세요. 자신의 입장을 표현하고 타인의 반응을 받아들이는 과정에서 생기는 어려움을 나눠 보는 활동은 아이의 자아 존중감과 감정 조절력을 기르는 데 도움이 됩니다.

그림에서 발견하기

그림을 보고 말해요

- 앞에 있는 친구는 어떤 표정을 짓고 있나요?
- 뒤에 있는 친구들은 어떤 모습인가요?
- 왜 이 친구는 속상해 보일까요?
- ○○도 누군가에게 놀림을 받아 본 적이 있나요? 어땠나요?

발견하기 30

교육 활동 영역: 또래 관계, 정서 조절, 문제 해결

년 월 일 요일 이름: ___________

제목: ___________

“야! 받아!”라는 소리와 함께 공이 날아와 하준이의 머리를 쳤어요. 순간 눈 앞에 별이 반짝였어요.

“에잇, 바보! 그것도 못 받냐?”

뒤를 돌아보니 승우였어요. 하준이는 화가 나 씩씩거리며 선생님한테 달려갔어요. 선생님은 하준이의 머리를 살피며 말했어요.

“많이 아프니? 피도 안 나고 혹도 없네. 친구끼리 공놀이를 하다 보면 그럴 수도 있지. 이해해 줘!”

쉬는 시간, 하준이는 화장실에 가려고 자리에서 일어났어요. 그런데 현지 옆을 지나가다가 현지의 다리에 걸려 콰당 넘어지고 말았어요.

“어머, 앞 좀 잘 보고 다녀!”

현지는 킥킥 웃으며 자신은 아무 잘못도 없다는 듯 빈정거렸어요. 이번에도 선생님은 이렇게 말했어요.

“현지가 일부러 그런 게 아니야. 네가 뛰다가 넘어진 거잖니.”

집에 돌아온 하준이는 엄마에게 전학을 가고 싶다고 털어놓았어요. 엄마는 놀란 표정으로 물었어요.

“왜 또 그래? 이 학교로 전학 온 지 얼마나 되었다고!”

발견하기 30

01 · 공에 맞은 하준이에게 선생님은 뭐라고 말했나요? (　　)

① "친구들과 사이좋게 지내."
② "꾀병 부리지 마."
③ "친구끼리 공놀이를 하다 보면 그럴 수도 있어."
④ "다른 친구 방해되지 않게 조심해서 다녀."

02 · 현지가 하준이에게 한 말은 무엇인가요? (　　)

① "선생님께 또 가서 일러!"　② "너 바보구나!"
③ "어머, 앞 좀 잘 보고 다녀!"　④ "왜 내 다리를 치고 그래?"

03 · 선생님이 현지와의 일에 대해 한 말은 무엇인가요? (　　)

① "현지가 일부러 그런 게 아니야."　② "현지가 잘못했구나."　③ "사과해야겠다."
④ "앞으로 조심해."　⑤ 기타

04 · 하준이는 왜 전학을 가고 싶다고 엄마에게 말했을까요?

05 · 엄마는 하준이에게 뭐라고 말했나요? (　　)

① "친구들이 잘해 줘?"　② "누가 널 때렸어?"　③ "왜 또 그래?"
④ "오늘 뭐 배웠니?"　⑤ 기타

06 · 약한 사람이 강한 상대에게는 도저히 당해 낼 수 없다는 뜻을 담은 속담으로, 친구들에게 놀림을 당하고 선생님에게도 제대로 이해받지 못한 하준이가 느낀 좌절에 어울리는 말은 다음 중 어느 것인가요? (　　)

① 계란으로 바위 치기　② 첫 술에 배부르랴
③ 고생 끝에 낙이 온다　④ 누워서 떡 먹기

07 · (　　　)가 하준이라면 어떻게 하고 싶나요?

정답

설명 가이드

- 객관식: 보기 중에서 명확한 정답이 있는 문제입니다.
- 복수 정답: 상황에 따라 2개 이상이 모두 타당할 수 있는 경우입니다. 아이가 그중 하나를 고르면 정답입니다. 기타를 선택한 경우, 그 이유를 간략히 설명해 달라고 합니다.
- 주관식: 아이의 개별적인 경험과 생각을 바탕으로 자유롭게 작성하는 문제입니다. 아이의 말에 논리적 연결이 있다면 정답으로 봅니다.

발견하기 1

01 ①
02 ①, ②, ③, ④
03 ①, ②, ③, ④
04 ①, ②, ③, ④
05 ①, ②, ③, ④
06 ①, ②, ③, ④, ⑤
07 ②

발견하기 2

01 ③
02 ③
03 ③
04 ①, ②, ③, ④, ⑤
05 ②, ③, ④
06 ②
07 ①, ②, ③, ④, ⑤

발견하기 3

01 ②	04 ②	07 ①
02 ③	05 ③	
03 ②	06 ①, ②, ③	

발견하기 4

01 ①, ②, ③, ④	04 ①	07 ③, ④
02 ②	05 ①, ③, ④, ⑤	
03 ④, ⑤	06 ①, ②, ③	

발견하기 5

01 ②, ③, ⑤	04 ③	07 ①, ②, ③
02 ③	05 ①	
03 ②	06 ②, ③, ④, ⑤	

발견하기 6

01 ①, ②, ③, ④	04 ①, ②, ③, ④	07 ③
02 ②, ③, ④, ⑤	05 ①, ②, ③, ④	
03 ③, ④	06 주관식	

발견하기 7

01 ③	04 ③	07 ①, ②, ③
02 ②	05 ③	
03 ①, ②, ③, ④	06 ①, ③, ④	

발견하기 8

01 ②	04 ①, ②, ③, ⑤	07 주관식
02 ②	05 ③	
03 ①	06 ③, ⑤	

발견하기 9

01 ②	04 ③	07 ④
02 ③	05 ②, ③, ④	
03 ④	06 주관식	

발견하기 10

01 ④	04 ①, ②, ③, ④, ⑤	07 ①, ②, ③, ④, ⑤
02 ①	05 ②	
03 ①	06 ②	

발견하기 11

01 ④	04 ②	07 ①, ②, ③, ④, ⑤
02 ①, ②, ③, ④	05 ①, ②, ③, ④	
03 ①, ②, ③, ④, ⑤	06 주관식	

발견하기 12

01 ②	04 ①, ②, ④, ⑤	07 주관식
02 ①	05 ③, ④	
03 ①	06 주관식	

발견하기 13

01 ①, ②, ③, ④, ⑤	04 ①, ②, ④, ⑤	07 주관식
02 ④	05 ①, ②, ③, ④, ⑤	
03 ④	06 주관식	

발견하기 14

01 ②, ③, ④	04 ①	07 주관식
02 ①, ②, ④	05 ①, ②, ③, ④, ⑤	
03 ①, ②, ③, ④, ⑤	06 주관식	

발견하기 15

01 ②	04 ②, ③	07 주관식
02 ①	05 주관식	
03 ①	06 ②	

발견하기 16

01 ①, ②, ③, ④, ⑤	04 ②	07 ②, ⑤
02 ②	05 ②, ③, ④	
03 ①, ③, ④	06 ④	

발견하기 17

01 ③	04 ③	07 주관식
02 주관식	05 ①	
03 ①	06 ②	

발견하기 18

01 ②, ③, ④, ⑤	**04** ④	**07** 주관식
02 ①, ②, ③, ④, ⑤	**05** ①, ②, ④, ⑤	
03 ②	**06** 주관식	

발견하기 19

01 ③	**04** ①	**07** 주관식
02 ②	**05** ④	
03 ①	**06** 주관식	

발견하기 20

01 ②	**04** ③	**07** 주관식
02 ③	**05** ④	
03 주관식	**06** 주관식	

발견하기 21

01 ③, ⑤	**04** ②, ③, ④, ⑤	**07** ②, ③, ④, ⑤
02 ④, ⑤	**05** ④	
03 ③, ④, ⑤	**06** 주관식	

발견하기 22

01 주관식	**04** ②	**07** ①, ②, ③
02 ①	**05** ②	
03 ②	**06** ③	

발견하기 23

01 ①	04 ④	07 주관식
02 ①, ③, ⑤	05 ③	
03 ③	06 주관식	

발견하기 24

01 ④	04 ①, ③, ④, ⑤	07 ①, ②, ③
02 ①	05 ①, ②, ⑤	
03 ②	06 ③	

발견하기 25

01 ④	04 ②, ③, ④	07 주관식
02 ①	05 ①	
03 ①	06 주관식	

발견하기 26

01 ①	04 ②	07 ④
02 주관식	05 ①	
03 ②	06 ①, ②, ③	

발견하기 27

01 ②	04 ②	07 주관식
02 ③, ⑤	05 ②	
03 주관식	06 ④, ⑤	

발견하기 28

01 ②	04 ①	07 ①, ②, ③
02 ②	05 ①	
03 ②	06 주관식	

발견하기 29

01 ②	04 ④	07 ①, ②, ③
02 ②	05 ④	
03 ③	06 ②, ④, ⑤	

발견하기 30

01 ③	04 주관식	07 주관식
02 ③	05 ③	
03 ①	06 ①	

MEMO

MEMO

MEMO

저자 소개

심현미(Shim hyun mi)

세종대학교 일반대학원 특수교육학과 석사

동국대학교 일반대학원 특수교육과 박사 수료

보건복지부 2급 언어재활사

특수학교 2급 정교사

한국자격평가진흥원 1급 심리상담사

한국어교사 2급 정교사

보건복지부 임상심리사

현 제나 아동 · 청소년 상담센터 원장

〈주요 논문〉

「학령기 경계선 지적 기능을 가진 자녀의 문제행동에 대한 부모 인식과 지원 요구」(2024)

「자폐성 장애 자녀를 둔 아버지에 관한 국내 · 외 연구동향 분석」(2025)

문해력이 자라면 사회성도 자란다: 2권 발견하기

–읽는 힘, 소통하는 힘–

As Literacy Grows, So Do Social Skills

2025년 10월 20일 1판 1쇄 인쇄
2025년 10월 30일 1판 1쇄 발행

지은이 • 심현미
펴낸이 • 김진환
펴낸곳 • ㈜ 학지사
04031 서울특별시 마포구 양화로 15길 20 마인드월드빌딩
대표전화 • 02-330-5114 팩스 • 02-324-2345
등록번호 • 제313-2006-000265호

홈페이지 • http://www.hakjisa.co.kr
인스타그램 • https://www.instagram.com/hakjisabook/

ISBN 978-89-997-3556-1 94370
978-89-997-3554-7 94370 (set)

정가 18,000원
(set 72,000원)